命由心態 不由天

轉不了念

小勝靠技巧，中勝靠魅力，大勝靠心態！在成功之前，你需要來點正念思考

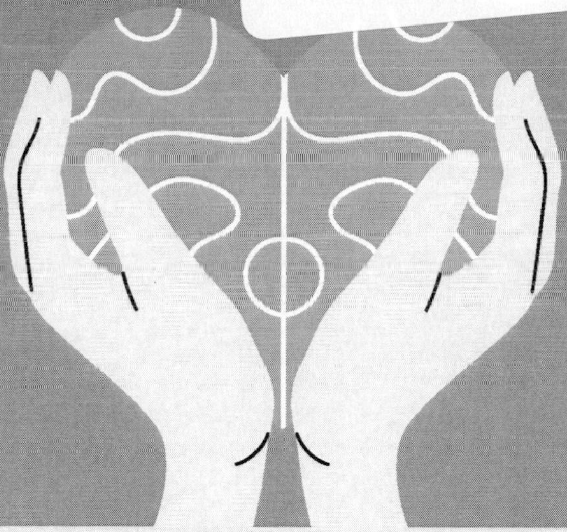

生命誠可貴，自身價更高；只爲快樂活，雜念早該拋！

善待自己的完美組合：生命＋靈魂＋心態
擁有良好的心態便能造就不凡的靈魂！

維克多·法蘭克（意義治療大師）：
「在任何特定的環境中，
人們還有一種最後的自由，那就是選擇自己的態度。」

莫宸，吳學剛 著

目錄

目錄

第二章　相信自己，有自信才能贏

第三章　笑看人生，用樂觀駕馭悲觀

第四章　寬容他人，就等於寬容自己

目錄

第六章　寵辱不驚，平常心很重要

目錄

第七章　堅持到底，信念築就成功

前言

威廉·詹姆士（William James）曾說：「播下一種心態，收穫一種思想；播下一種思想，收穫一種行為；播下一種行為，收穫一種習慣；播下一種習慣，收穫一種性格；播下一種性格，收穫一種命運。」

心態是什麼？心態就是你自己對人、對事的態度。

我們經常會有這樣一種想法：「別人能，為什麼我不能？」「能」與「不能」，反映的是人和人之間的差異。一般來說，這種差異是很小的，這很小的差異卻造成巨大的不同。這很小的差異指的就是心態，而巨人的不同則是指不同心態所產生的結果。

一個人的幸福感和成就感取決於他的生存狀態，而其生存狀態的好壞又與其心態息息相關。大致來說，心態是一個人對人生的體驗、對命運的感悟、對自我的定位；具體來說，心態是人面對困難時的意志，是對情緒的調適，是對現實與夢想的平衡。

心態決定人的命運，它能使我們成大事，也能使我們淪為失敗者。同一件事情，由具有不同心態的人去做，其結果必會不同。不要因為我們的心態不佳而使我們自己成為一個失敗者。

前言

一個人的心態，往往決定著這個人某一階段的人生走向。一個人若是被不良心態所左右，他人生的航船便很有可能駛入淺灘，從而失去發展的機會；一個人若是一生持有良好的心態，那麼，他的人生之路將會越走越寬，生命的景色就會越來越美，生命的價值就會越來越大。

良好的心態是展示生命的舞臺，事情的成敗關係著人生的成敗。當然，不能要求世界上的每一件事情都能順應自己的心意，也不是每份工作從一開始就能適合自己。這就需要從心態方面進行調整，盡量讓自己快樂一點，把做事當成一種享受，人生才能獲得更多的樂趣，未來的事業也會走向更光明的康莊大道。

當你逐頁閱讀本書時，你會明白這樣一個道理：好心態，可以贏就你一生，能讓你在人生的舞臺上活得更輕鬆、更自在、更灑脫，也更接近於成功！

第一章　做事之前，先擺正心態

心態決定人的命運，不要因為心態而使我們成為一個失敗者。如果我們想要改變自己的世界，改變自己的命運，那麼，首先應該改變自己的心態。只要心態是正確的，我們的世界就會是光明的。

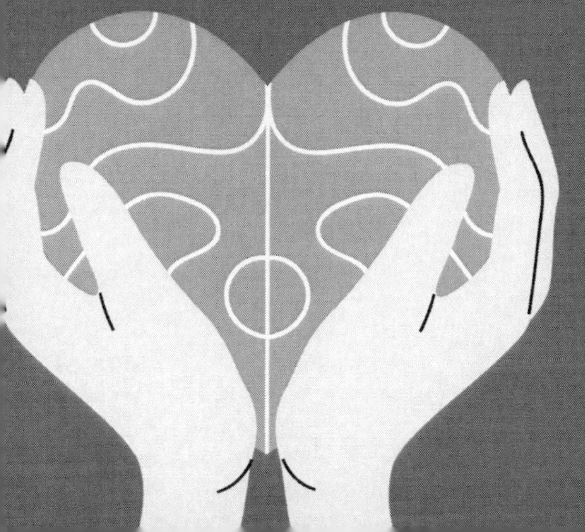

心態決定成敗，是好是壞你自己說了算

為什麼有些人就是比其他人更成功？賺更多的錢、擁有不錯的工作、有著良好的人際關係、健康的身體，整天快快樂樂、擁有高品質生活，而另一些人忙忙碌碌卻只能維持生計？

心理學家發現，這個祕密就是人的「心態」。心態對人的前途是影響巨大的，一個人只有擁有良好的心態，才能無懼生活中的困難，才能始終為自己的理想而努力。

曾經，有一家紡織廠，經濟效益不好，工廠決定讓一批人離開。在這一批人當中有兩位女性，四十歲左右，一位是大學畢業生，工廠的工程師，另一位則是普通女工。

女工程師被裁員了！這成了全廠的一個熱門話題，人們紛紛議論著。女工程師對此深懷怨恨。她憤怒過、她罵過、她也吵過，但都無濟於事。因為被裁員的數量還在不斷增加，別的工程師也開始被裁員了。然而，儘管如此，她的心裡卻仍不平衡，她始終覺得被裁員是一件丟人的事。

她的心態漸漸由憤怒轉化成了抱怨，又由抱怨轉化成了內疚。她整天都悶悶不樂待在家裡，不願出門見人，更沒想到要重新開始自己的人生，孤獨而憂鬱的心態控制了她的一切，她身體本來就不太好，憂鬱的心態又總是把自己的注意力集中到被裁員這件事上。她內心一直都在拒絕承認，但事實擺在面前，她無法解脫。過沒多久，她就帶著憂鬱的心態，孤寂離開了人世。

普通女工的心態卻大不一樣，她很快就從被裁員的陰影裡解脫了出來。她想別人既然沒有工作能生活下去，自己也肯定能生活下去。她還萌生了一個信念——一定要比以前活得更好！從此以後，她的內心沒有了抱怨和焦慮，心平氣和接受了現實。

說來也怪，這個心態讓她察覺自己以前從來沒有認真注意過的優點：對烹調非常內行。就這樣，在親戚朋友的支持下，她開起了一家小小的餐廳。由於她發揮了自己的優點，她經營的餐廳生意非常好，僅用了一年多的時間，她就還清了貸款。現在她的餐廳的規模已擴大了幾倍，成了當地小有名氣的餐館，她自己也開始過著比在工廠上班時更好的生活。

一個是聰明的工程師，一個是一般的普通女工，她們都曾面臨著同樣一個困境——被裁員，但為什麼她們的命運卻迥然不同呢？原因就在於她們各自的心態不同。

女工程師的心態始終處在憂鬱之中，這樣的心態使得她對自己的人生不可能做出一個公正的評價，更不可能重新揚起生活的風帆。她完完全全沉溺在自己孤獨的內心之中。所以即使她再聰明，也無法正常發揮。而與之相反，普通女工平和的心態使自己的優點得到了淋漓盡致的發揮，獲得了成功，過上了比以前更好的日子。

成功人士與失敗者之間的差別是：成功人士始終用最積極的思考、最樂觀的精神和最豐富的經驗支配和控制自己的人生。失敗者則剛好相反，他們的人生受過去的種種失敗與疑慮所引導和支配。

心態的改變，就是命運的改變

曾經有人說過：我們怎樣對待生活，生活就怎樣對待我們。心態和前途也是這樣一種辨證關係，我們用積極的心態對待人生，人生將是一片光明；用消極的心態對待人生，人生也就只會是一片灰暗。

有一戶人家的菜園裡有一顆大石頭，到菜園的人不小心就會碰到那顆大石頭，不是跌倒就是擦傷。

兒子問：「爸爸，那塊討厭的石頭，為什麼不把它挖走？」

爸爸這麼回答：「你說那塊石頭啊？從你爺爺那個時候就放在那裡了，它那麼大，不知道要挖到什麼時候才能挖出來，沒事無聊挖石頭還不如走路小心一點。」

幾年過去了，兒子娶了老婆，當了爸爸，那塊大石頭還在那裡。

有一天，妻子氣憤對他說：「菜園那塊大石頭把我絆倒過好幾次，我們改天請人搬走吧。」

他回：「算了吧。那塊大石頭很重的，要是那麼容易搬走的話，我和爸爸早就搬走了，還等到現在？」

在一旁的老父親也跟著說：「是啊、是啊。要是好搬，不用說和我兒子搬，我和我爸爸早就把它搬走了。」

妻子心底非常不是滋味，那塊大石頭不知道讓她跌倒了多少次，她決定自己試一試。一天早上，她帶著鋤頭和一桶水來到園子裡。她將整桶水倒在大石頭四周。十幾分鐘以後，媳婦用鋤頭把大石頭四周的泥土攪鬆。

她原以為至少要挖一天，過沒多久，石頭就被挖出來了，看上去這塊石頭也沒有想像的那麼大，只是不少人當初被那個巨大的外表矇騙了。

你覺得石頭大、石頭重，便不會有搬動它的信心，更不會有去搬它的行動。矇騙人的不只是事物的外表，還有你消極的心態。要改變你的世界，首先必須改變你的心態。如果你的世界沉悶而無望，那是因為你自己沉悶無望。

其實，在我們的周圍有很多這樣的人，他們說：「公司從成立開始就是這樣，如果還能改進，那些老闆、董事、經理人早就做過了，還用得上我嗎？」或者「天那麼高，哪能上去啊？想都別想了，還是老實待在地上吧！」如果大家都這樣想，恐怕世界上就沒有知名的企業了。因為沒有人敢改革、敢創新；世界上也不會有技藝精湛的廚師、技工、演員、作家，不會有天文學家，不會有飛機、火車、輪船的發明，因為一切都很困難，困難得讓人不敢想。

有這樣一個故事：有位老太太找了一個油漆工到家裡粉刷牆壁。油漆工一走進門，看到她的丈夫雙目失明，頓時流露出憐憫的目光。可是男主人開朗樂觀，所以油漆工在那裡工作的幾天，他們談得很投機，油漆工也從未提起男主人的缺陷。

工作完畢，油漆工取出帳單，老太太發現比原來談妥的價錢少了很多。她問油漆工：「怎麼少算這麼多呢？」油漆工回答說：「我跟你先生在一起覺得很快樂，他對人生的態度，使得我覺得自己的境況還不算最壞。所以減去的那一部分，算是我對他表示的一點感謝，因為他使我不再把工作看得太苦！」

油漆工對這位太太的丈夫的讚賞，使她流下了眼淚。因為這位慷慨的油漆工，自己只有一隻手。

殘者尚能對生活如此樂觀，那麼正常人呢？

生活中，每個人都可能遇到不幸，諸如親人不幸死亡、朋友分手、身患重病……但你需要知道的是，這一切都不會構成致命的創傷。

最致命的創傷來自心靈深處，我們放棄絕望的思想，換一個角度想問題：

親情阻斷黃泉路，難道還能尋回來嗎？

有情有緣而不能相伴終生，莫若及早分開，痛碎心也沒必要。

無緣是路人，遲早要分手，為什麼要死守不放？

這樣想，就會豁達起來，痛苦或是快樂完全取決於一念之間。

事實也的確如此，人的心態決定你是否快樂，心態的改變，就是命運的改變。

所以，我們可千萬不要因為心態而使自己成為一個失敗者。讓我們從現在起，無論在什麼情況下都保持積極的心態，讓身心都充滿勇氣和智慧，把挫折與失敗當成學習的

機會。這樣，我們就能早日戰勝自我，超越自我，到達成功的彼岸！

無望的心態每時每刻都暗示你去失敗，失敗是你蓄意指示自己的結果。如果你的心態積極，就會有熱情、有信心、有智慧……有了這些，自然也有成功。

播種積極的種子，收穫成功的果實

一個人，如果要開創成功的事業，就要抱著必勝的心態去為之奮鬥。當我們對於事物產生懷疑時，只有一個信念可以幫助我們，那就是——期待最好的結果。

眾所周知，在這個世界上，成功而卓越的人畢竟是少數，而失敗平庸的人肯定是多數。成功而卓越的人活得充實、自在、瀟脫；失敗而平庸的人則過得空虛、艱難。那麼，為什麼會是這樣的呢？我們不妨仔細比較一下成功的人和失敗的人的心態，特別是他們在關鍵時刻的心態，將會發現：在這種時候，由於每個人心態的不同，其各自的命運與事情的結果會是怎樣的不同。

面對同樣的機會，積極心態有助於人們克服困難，發掘自身的力量，幫助人們踏上成功的彼岸。養成消極思維的人則會看著機會漸漸遠去，卻不會採取行動。消極心態會在關鍵時刻散布疑雲，使人錯失良機。

消極心態與積極心態一樣，也能產生巨大的力量。有時候，消極心態的力量還有可能大於積極心態的力量。我們不僅要最大限度發揮和利用積極心態的力量，也應該極力排斥消極心態的力量。

如果你先放棄了，打從一開始就說「不行，我恐怕永遠都做不到。」那麼，事情一定會像你所想的那樣，一切都會停頓下來。你的希望沒有了，你的心智遲鈍了，你的精神也消失了，久而久之，就會讓自己相信事情是不可能辦到的。

看見將來的希望，就會激發起現在的動力。消極心態會摧毀人們的信心，使希望泯滅。消極心態像一劑慢性毒藥，吃這服藥的人會慢慢變得意志消沉，失去動力，離成功越來越遠。

在日常生活中，之所以失敗而平庸的人占多數，其主要原因就是心態有問題。一碰到困難，他們總是挑選最容易的辦法，甚至從原來的地方倒退，總是說：「我不行了，我還是退卻吧。」結果使自己陷入失敗的深淵。成功者卻正好相反，他們一遇到困難，總是始終如一保持積極的心態。他們總是以「我要！」、「我能！」、「我一定行！」等積極的念頭來不斷鼓勵自己。於是他們便能盡一切可能，不斷前進，直至走向成功。就像愛迪生，他可是經過幾千次的失敗後才成功發明了電燈的。

成功的人大都以積極心態支配自己的人生，他們始終以積極的思考、樂觀的精神和輝煌的經驗來支配和控制自己的人生；失敗的人則總是被過去的種種失敗和疑慮引導支配，他們悲觀失望、消極頹廢，最終走向了失敗。以積極心態支配自己人生的人，總是能積極樂觀正確處理人生遇到的各種困難、矛盾和問題；以消極心態支配自己人生的人，總不願也不敢積極解決人生所面對的各種問題、矛盾和困難。

我們經常聽人說，他們現在的境況是別人造成的，環境決定了他們的人生位置。這些人常說他們的想法無法改變。但事實上不是這樣的，他們的境況根本不是周圍環境造成的。說到底，如何看待人生，完全由我們自己決定。

維克多·弗蘭克（Viktor Emil Frankl）是二戰時納粹德國某集中營的一位倖存者。他說：「在任何特定的環境中，人們還有一種最後的自由，那就是選擇自己的態度。」

總而言之，成功的要素其實掌握在自己的手中。成功是積極心態的結果。我們究竟能飛多高，是由心態制約的。

當然，有了積極心態並不能保證事事成功，但一直持消極心態的人則一定不會成功。

讓我們不斷用積極的心態來對待自己的生活和事業吧。播出積極的種子，必定會收穫成功的果實。

擁有好心態，成功自然來

如果心態積極，就能以某種方式把內心中最常出現的想法轉化成事實；如果一個人預期自己會失敗，他當然就會得此惡果；如果一個人總在機會裡發現一些消極、負面的事，那麼他所做的事也無法順利完成。

絕大多數失敗者如果能夠拋開失敗的想法、擺脫失敗的陰影，他們最終都將獲得成功。學會如何清除思想中的垃圾，拋開恐懼與焦慮，讓思想充滿自信、活力與希望，是一門偉大的藝術。如果我們能夠掌握這門藝術，我們將能夠建立一種具有創造性的、積極的思想態度。有時，我們會不由自主向外界流露出我們的思想，流露出我們的希望或是恐懼；而我們的名譽地位以及別人對自己的評價往往取決於我們的成功。

如果別人看到我們所流露出來的是一種消極、懦弱或是膽怯的思想，他們就不會將重要的職責或職位託付給我們，這樣我們甚至不會得到表現自己的機會，更不要說獲得成功。可以在任何方面表現自己的信心、勇氣，或是一種大無畏的精神，而這樣的心態也將為我們帶來樂觀與進步，使我們向成功邁進。

在面對各種挑戰時，失敗的原因往往不是勢單力薄、智慧低下，或是沒有把整個局勢分析清楚，反而是在消極心態的影響下，把困難無限誇大，把結果看得極其糟糕，因

此，不敢有任何行動。

一個控制不了自己心態的人，是一個不成熟的人。在困境中，如果我們有害怕的思想，就會什麼也做不好，只有保持正面積極的心態，才能獲得成功。

不要被消極的陰影遮住陽光的心態

如同一枚硬幣的兩面，人生也有正面和背面。光明、希望、愉快、幸福……這是人生的正面；黑暗、絕望、憂愁、不幸……這是人生的背面。那麼，你會選擇哪一面呢？

成功最大的敵人就是自己的消極心態。這種心態常常把我們嚇倒。要想成功卓越，必須牢固樹立積極成功的心態，徹底清除消極失敗的心態。

人生充滿了選擇，而心態就是一切。心態好，一切都好。

傑里是個飯店經理，他的心態總是很好。當有人問他近況如何時，他總是回答：「我快樂無比。」

如果哪位同事心態不好，他就會告訴對方怎麼去選擇事物的正面。他說：「每天早上，我一醒來就對自己說：『傑里，你今天有兩種選擇，你可以選擇心情愉快，也可以選擇心情不好。』我選擇心情愉快。每次有壞事情發生，你可以選擇成為一個受害者，也可以選擇從中學些東西。我選擇後者。人生就是選擇，你選擇如何去面對各種處境。歸根結底，你自己選擇如何面對人生。」

有一天，他忘記了關後門，被三個持槍的歹徒攔住了。歹徒朝他開了槍。

幸運的是事情發現得早，傑里被送進了急診室。經過十八個小時的搶救和幾個星期的精心治療，傑里出院了，只是仍有小部分彈片留在他體內。

六個月後，他的一位朋友見到了他。朋友問他近況如何，他說：「我快樂無比。想不想看看我的傷疤？」朋友看了傷疤，然後問當時他想了些什麼。傑里答道：「當我躺在地上時，我對自己說有兩個選擇：一是死，一是活。我選擇了活。醫護人員都很好，他們告訴我我會好的。但在他們把我推進急診室後，我從他們的眼中讀到了『他是個死人』。我知道我需要採取一些行動。」

「你採取了什麼行動？」朋友問。

傑里說：「有個護士大聲問我有沒有對什麼東西過敏。我馬上回答：有的。這時，所有的醫生、護士都停下來等我說下去。我深深吸了一口氣，然後大聲吼道：『子彈！』在一片大笑聲中，我又說道：『請把我當活人來醫，而不是死人。』」

傑里就這樣活下來了。

你要想贏得人生，心態就不能總處在消極的狀態，那只會使你沮喪、自卑、徒增煩惱，還會影響你的身心健康，結果，你的人生就可能被失敗的陰影遮蔽了它本該有的光輝。

有健康的心態，才能有健康的身體

每個人的健康對他的生活和工作都有重要的作用，健康的身體必須要有健康的心態。

有些人每天在醒來時和就寢前都要對自己說「我每天會過得越來越好。」對他們來說，這句話天天都在起作用。

其實，說這句話的人，正在運用一種無形的精神力量。無數事實已經證明：人的心態確確實實在影響著人的健康和幸福。

二戰時期，德國的納粹分子曾進行了一次觸目驚心的心理實驗。他們聲稱將以一種特殊的方式來處死人，這種方式就是抽乾人身上的血液。實驗那天，他們從集中營挑選來兩個人，一個是牧師，另一個是普通工人。納粹士兵將倆人分別捆綁在床上，用黑布蒙住雙眼，然後將針頭插進他們的手臂，並不時告訴他們：「現在，你已經被抽了多少升血了，你的血將在多少時間內被抽乾！」其實，納粹士兵並沒有真的要抽乾他們的血，而只是在他們的手臂上插進了一支空針頭。結果，普通工人的面部不斷抽搐，臉色變得慘白，漸漸在驚恐萬狀中死去。顯然，這位普通工人內心充滿了恐懼，恐懼的心態使他心力衰竭，導致了死亡。而那位牧師卻始終神情安詳，死神沒有奪取他的生命，他活了下來。事後，人們問他當時想些什麼，他說：「我的內心很平靜，我不害怕，我問心無愧，即使死了，我的靈魂也會進入天堂。」

納粹分子的這個實驗雖然殘酷，但卻告訴了我們一個道理：心態的力量是無窮無盡的，如果你有一個好心態，你就可以選擇生；如果你有一個壞心態，你就只能選擇死。

西方心理學家反覆證實了一個觀點：心靈會接受不管多麼荒謬的暗示，一旦接受了它，心靈就會對之做出反應。這就是說，人的理智接受事實，人的心靈則接收暗示。人如果給心靈以積極的暗示，心靈就會呈現出積極的狀態；人如果給心靈以消極的暗示，那麼，心靈就會呈現出消極的狀態。

俄國作家契訶夫（Anton Pavlovich Chekhov）曾寫過一篇小說——《小公務員之死》。有一個小公務員一次去看戲，不小心打了一個噴嚏，結果口水不巧濺到了前排一位官員的腦袋上。小公務員十分惶恐，趕緊向官員道歉。那官員沒說什麼。小公務員不知官員是否原諒了他，散戲後又去道歉。官員說：「算了，就這樣吧。」這話讓小公務員更忐忑了。他一夜沒睡好，第二天又去賠不是。官員不耐煩了，讓他閉嘴、出去。小公務員心想，這下子可真是得罪了官員了，他又想去道歉……小公務員就這樣因為一個噴嚏，背上了沉重的心理負擔，最後，他就這麼去世了。

契訶夫對小公務員死因的描寫雖有些誇張，但卻說明一個人的心態對其身心健康有著極其重要的作用。

毫無疑問，不同的人對同一暗示會做出不同的反應。例如，如果你走到船上的一位船員身邊，用同情的口吻對他說：「你看上去好像病了。你不覺得難受嗎？我看你好像要暈船了。」

根據他的性情，他要麼對你的「笑話」抱以微笑，要麼表現出輕微的不耐煩。你的暗示這次毫無效果，因為暈船的暗示在這位船員的頭腦中未能引起共鳴。一位飽經風浪的水手怎麼會暈船呢？因此，暗示喚醒的不是恐懼與擔憂，而是自信。

而對於另一個乘客來說，如果他缺乏自信，暈船的暗示就會喚醒他頭腦中固有的對於暈船的恐懼。他接收了暗示，也就意味著他真的會變得臉色蒼白，真的會暈起船來。我們每個人的內心都有自己的信仰和觀念，這些內在的意念主宰和駕馭著我們的生活。暗示一般是無法產生效果的，除非你在精神上接受了它。

因此，我們一定要以積極健康的意念來激發出積極健康的心態，因為只有心態健康了，我們才能有健康的身體。

人生總有許多這樣那樣讓人心煩的瑣事，如果你不善於調節心態，日積月累就會使你的身體處於亞健康狀態，並引起各種各樣的心理疾病。那麼怎麼樣的心態才有益於健康呢？

- **坦然面對現實**：在快節奏的都市生活中，人們會面臨種種壓力，勇敢面對現實，把壓力當作一種挑戰，將更有利於人的身心健康。
- **能拋棄怨恨，學會原諒**：懷有怨恨心理的人情緒波動較大，不是整天抱怨，就是後悔；不是對人懷有敵意，就是自暴自棄。這樣容易患心理障礙。

■ **要熱愛生活**：當一個人患病時，熱愛生活的人會多方聽取醫生的意見，積極配合治療，並能消除緊張情緒。

■ **富有幽默感**：有人稱幽默是「特效緊張消除法」，許多健康的事業成功者，都具有幽默感。

■ **善於宣洩情感**：不善於用語言來表達自己的憂傷或難過等感情的人容易患病，而壓抑憤怒對人體也同樣有害，更不能用酗酒、縱欲等不健康的生活方式來逃避現實。傷心的人痛哭一場，或與知心朋友談談心，或適當運動後，常會感到心情舒暢，這就是宣洩情感的意義。

■ **擁有愛心**：擁有愛心不僅會使世界變得更美好，而且會更有助於自己的身心健康。這不僅是人生的一大樂事，還會使人更長壽。

善待自己，為快樂而活

善待自己，就是善待自己的一言一行，一舉一動，也就是「言必行，行必果」；善待自己，就是把自己的才能、潛力最大限度發揮出來；善待自己，就是對社會、家庭、事業和周圍的人負責；善待自己，就是善待生命，善待人生。

每個人在自己的哭聲中來到這個世界，在別人的哭聲中離開這個世界，這來去之間，便是生命的歷程。相對於茫茫宇宙，只是短暫的一瞬，而相對於你我卻是一生一世。所以，我們要時刻懂得善待自己，為快樂而活。

世事難料，上天不會眷顧每一個人，甚至會在「降大任於斯人也」之前，先「苦其心志」，所以既然我們無法改變這些，那麼不管處境多難，過得多苦多淒慘，只要我們真正能體會到生命的尊嚴與來之不易，明白存在的價值，就會由衷覺得好好活著是多麼的美好。所以，當今天我們還擁有這一顆脈搏起伏跳動的心時，要懂得善待自己，為快樂而活。

為快樂而活，不是爭名奪利，不是穿金戴銀，不是錦衣玉食，而是追求心中的一份寧靜平和，讓自己時刻保持樂觀大度的心態。生命，上天都給予我們了，就不要因為自

身條件的不如人意而痛苦，懊惱折磨自己，與其這樣身心疲憊折騰自己有限的生命，為何不充分利用這個時間來享受此刻我們所擁有的一切呢？親情、愛情、友情、陽光、空氣……還有讓自己變得快樂起來的心情！這才是為自己而活的最高境界。

善待自己，因為你是你今生的唯一；善待自己，你將獲得對自己的認同和理解；善待自己，為使自己能更好給予他人。

你應該這樣告訴自己：若沒有我，我的自我將變成一紙空文；若沒有我，我的生命將戛然而止；若沒有我，我的世界將變成一片廢墟。儘管在整個宇宙我不過是滄海一粟，但對於我自己，我是我的全部。為此我首先珍重自己，才能得到別人的珍重；我必須善待自己，才對得起造物主的恩賜。

當真正領悟到生命比一切都重要的時候，我們便可以真正善待自己了，只有做到生命、心態、靈魂三者完美結合才算是真正的善待自己。生命誠可貴，自身價更高；只為快樂活，雜念早該拋。朋友，人生是短暫的，時刻善待自己，快樂生活吧！

人在遇到困難、失敗和挫折時，最希望得到別人的幫助、鼓勵和支援。但是，俗話說「勸皮勸不了心」，外力還要靠自己內化，才能從根本上解決問題。所以，一個人遭受挫折後，最關鍵的是要自我安慰、自我調節。如果一個人不懂得善待自己，承受挫折的心理是無法得以調節的。那麼，如何善待自己呢？

■ **珍惜自己的生命**：人生不過短短幾十年，如果在碌碌無為中度過，或者在消極悲觀中度過，甚至自殺了卻此生，那你豈不是白來世間一趟？如果，你在受了些挫折後，想不開，覺得活著沒意義，你不妨試著去欣賞一下別人的好處，知道在這個世界上，其實還有很多事情等著你去做，你的生命是很有價值的。生命只有一次，既然我們在這裡領悟過了人生，就該好好去珍惜它，讓生命真正散發光彩。

■ **保護自己**：許多挫折都是人為造成的，有的人因為鋒芒太勝，稜角太強而挫傷了別人，也害了自己。平時不要過於鋒芒畢露，要學會處人處事。

■ **用一顆平常的心看待得失榮辱**：不以物喜，不以己悲。許多事情，只要我們用心去做了，只要我們問心無愧，結果就顯得不重要了，所以，不必因為失敗或挫折而怨天尤人，折磨自己。

■ **多角度審視自我，並換位思考問題**：「橫看成嶺側成峰，遠近高低各不同」。許多本來可以避免的麻煩與矛盾，多是因處理不當將自己置入其中的。吃一塹，長一智。人正是在不斷失敗的過程中成長起來的，正所謂失敗是成功之母。

■ **要懂得自我安慰**：為屢敗屢戰的自己大聲喝彩！不經歷風雨，怎能見雨後彩虹？要相信自己能夠在一番寒徹骨後，還能聞得梅花撲鼻香。

給自己一個希望

希望，看似很平淡的兩個字，卻包含著各種不同的內涵。試著每天給自己一個希望，靠自身的努力和嘗試去創造，去不斷進取，不斷探索，不斷發展，事業就會成功，就會有所進步，生活也會因此而變得更加美麗。

有位醫生素以醫術高明享譽醫務界，他的事業蒸蒸日上。但不幸的是，就在某一天，他被診斷患上了癌症。這對他就如當頭一棒，使他一度情緒低落。但是，最終他不但接受了這個事實，心態也為之改變了，變得更加寬容、更加謙和、更懂得珍惜現在所擁有的一切。在勤奮工作之餘，他從沒有放棄過與病魔搏鬥。就這樣，他已平安度過了好幾個年頭。有人驚訝於他的事蹟，就問他是什麼神奇的力量在支撐著他。

這位醫生笑盈盈答道：「是希望，幾乎每天早晨，我都給自己一個希望，希望我能多救治一個病人，希望我的笑容能夠溫暖每個人。」

我們可以看出，這位醫生不但醫術高明，做人的境界也達到了一定的高度。在這個世界上，有許多事情是我們所難以預料的。但是，我們不能控制際遇，卻可

給自己一個希望

以掌握自己；我們無法預知未來，卻可以把握現在；我們不知道自己的生命到底有多長，但我們卻可以安排當下的生活；我們左右不了變化無常的天氣，卻可以調整自己的心情。只要活著，就有希望，只要每天給自己一個希望，我們的人生就一定不會失色。

希望是催促人們向前的最大動力，只要活著，我們就有希望，相對的，只要抱有希望，生命便不會枯竭。

對我們來說，希望不一定是多麼偉大的目標，它可以縮小到平淡生活中的一些小期待、小盼望、小快樂、小滿足，譬如明天要出去玩，希望天氣晴朗會看到太陽、下星期約了朋友一起吃飯、週末要去買件新衣服、下個星期是自己生日了……雖然在別人眼裡，這些或許盡是微不足道的瑣碎小事，但是，對我們自己而言，卻能帶來一些樂趣，一些期盼，這些都是喜悅的希望。

成功人生的必備心態

人的生活是由人的心態造成的，有什麼樣的心態就有什麼樣的生活，有什麼樣的選擇就有什麼樣的結果。

成功的經驗告訴我們：小勝靠技巧，中勝靠魅力，大勝靠心態。心態決定人生，唯有心態解決了，你才會感覺到自己的存在；唯有心態解決了，你才會感覺到生活與工作的快樂。

成功人生應具備以下心態：

■ **有勇氣的心態**：有了目標，還必須有行動的勇氣，因為只有透過行動，才能把目標、希望和信念轉化為現實。成功者和失敗者之間的區別，往往不在於能力的大小或想法的好壞，而在於是否有勇氣信賴自己的想法，在適當的程度上敢於冒險和行動。

也許你在行動時隨時都可能犯錯，你所做的決定難免失誤，但是絕不能因此而放棄自己追求的目標。你必須有勇氣承擔犯錯誤的風險、失敗的風險、受屈辱的風險……走錯一步總比在一生中「原地踏步」要好得多，因為人「向前走」才可以獲得矯正前進方向的機會。

■**寬容的心態**：一個對別人寬容的人，他也必定對自己寬容。學會不在心中譴責別人，不要評價別人，不要因為他人的錯誤而責怪和憎惡他們……對別人寬容是「成功型」個性的表現。

一般來說，人際關係上的失敗，大部分要歸因於「誤解」。對於特定的一系列「事實」或者環境，我們往往指望別人也會跟我們一樣做出反應或得出結論。大多數情況下，他人的反應或者立場並不是要為難我們，也不是因為大腦頑固或者心懷叵測，而是因為他人對情況的「了解」和解釋與我們不同而已。

其實，我們也不願意承認自己的過失、錯誤、缺點，甚至不願承認自己做得不對。每天對自己承認一件痛苦的事實，是一項有益的訓練。「成功型」個性的人不僅不欺騙他人，而且對自己也很誠實。我們所說的「真誠」，就是以「對自我的理解」和「誠實」為基礎的。用「合理的謊言」欺騙自己的人，沒有一個能說得上是「真誠」。

■**尊重的心態**：「尊重」這個詞意味著對價值的欣賞。「自我尊重」的最大祕訣是：開始多欣賞別人，對任何人都要有所尊敬，你和別人交流時，要訓練自己把別人當作「有價值」的人來對待。這樣，你會發現，你的自尊心也加強了。因為真正的自尊並不產生於你所成就的大業、擁有的財富、得到的榮譽，而是來自於對自己的欣賞。

■ **付出的心態**：它是一種「捨得」的關係。「捨」就是付出，是「為自己做事」的心態，要當作事業來做，自己要勇於承擔，「承擔」是成長的開始，「成長」是成熟的開始，「成熟」是成功的開始。要懂得「捨」與「得」的關係，「捨」的本身就是「得」，小捨小得，大捨大得，不捨不得。

■ **自信的心態**：自信是一切行動的動力之源，沒有自信就沒有行動。它建立在成功的經驗之上，當我們開始從事某種活動時，很可能缺乏信心，因為我們不知道自己會不會成功。學騎腳踏車、在公開場合演說、進行手術等都是如此。

■ 另一個重要的技巧，是養成記住過去的成功，而忘卻失敗的習慣。過去你失敗過多少次並不重要，重要的是記取失敗的經驗。「回憶過去勇敢的時刻」是恢復自信最有效的方法，而有很多人卻因為一兩次失敗而埋葬了美好的回憶。

■ **「歸零」的心態**：「歸零」的心態就是謙虛的心態，就是重新開始。任何事物發展的客觀規律都是波浪式前進，螺旋式上升，週期性變化。

■ 以前，你可能有過很高的地位、很多的財富、淵博的知識，但只有「心態歸零」你才能快速成長。如果你要喝一杯咖啡，就必須把杯子裡的茶先倒掉，否則把咖啡加進去之後，就既不是茶也不是咖啡。「歸零」的心態就是一切從頭再來，就像大海一樣把自己放在最低點，來吸納百川。

■**學習的心態**：「學習」是最便宜的投資，「時間」是最昂貴的投資。學習是世界上最占便宜的事情，我們只要花一兩個小時就可以學到別人的經驗，從而避免花費大量時間去摸索。因此，大多成功的人都是虛心好學的人。學習也是儲備知識的唯一途徑，而知識能給夢想插上騰飛的翅膀。在知識經濟時代，知識更新的週期越來越短，過時的知識等於廢料，只有不斷學習，才能不斷攝取能量，才能適應社會的發展生存下來。要想成功就必須不斷充實自己，要善於思考，才能創新。

■**感恩的心態**：只有懂得感恩的人才是富足的人。「感恩」就是感激一切，感激坎坷、困難……

■**管理者的心態**：俗話說，不想當元帥的士兵不是好士兵。任何事情從一開始，就要有「當元帥」的心理準備，虛心向成功者學習，多實踐、多積累，把目標訂高一點，才能做得更好。

■**堅持的心態**：「偉大的成功者，是那些在多數人因失敗而摘下頭盔時，仍勇於抵抗的人。」沒有人可以一步登天，「一而再」的挫敗正是成功路上的指路牌。「越挫越勇」是所有成功者的共同歷程，堅持的心態是在遇到坎坷的時候反映出來的心態，直到突破瓶頸，達到新的高峰。

第二章　相信自己，有自信才能贏

成功永遠屬於自信者。自卑者注定與成功無緣。古往今來，許多人之所以失敗，究其原因，不是因為無能，而是因為不自信。自信是一種力量，更是一種動力。能夠成就大事業的人，永遠是那些相信自己，對自己充滿信心的人。

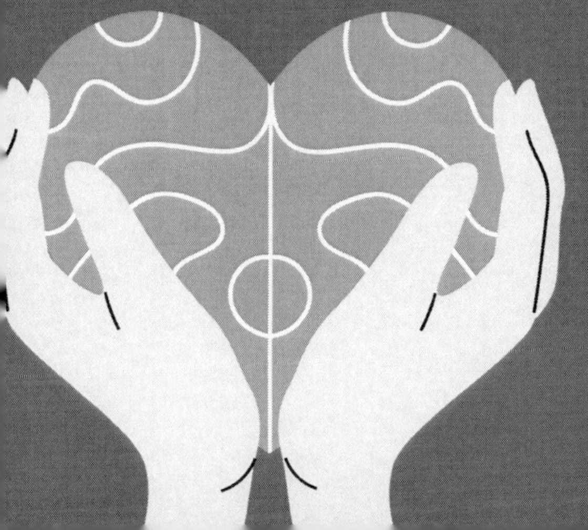

自信，成功的階梯

自信是一種非常重要的心態，是一種自我肯定、自我鼓勵、堅信自己一定能成功的素養。沒有自信的人，就沒有生活的熱情和趣味，也就沒有探索拚搏的勇氣和力量。

愛默生（Ralph Waldo Emerson）曾說：「自信是成功的第一祕訣。」一個人要想事業有成、做生活的強者，首先要敢想。連想都不敢想，當然談不上什麼成功了。

世界著名交響樂指揮家小澤征爾在一次歐洲指揮大賽的決賽中，按照評委會給他的樂譜指揮演奏時，發現有不協調的地方。他認為是樂隊演奏錯了，就停下來重新演奏，但仍不如意。於是，他認為是樂譜錯了。這時，在場的作曲家和評委會的權威人士都鄭重說明樂譜沒有問題，而是小澤征爾的錯覺。面對著一批音樂大師和權威人士，他思考再三，突然大吼一聲：「不，一定是樂譜錯了！」話音剛落，評判臺上立刻報以熱烈的掌聲。

原來，這是評審們精心設計的圈套，以此來檢驗指揮家們在發現樂譜錯誤並遭到權威人士「否定」的情況下，能否堅持自己的正確判斷。前兩位參賽者雖然也發現了問題，但終因屈就權威而遭淘汰。小澤征爾則不然，因此，他在這次指揮家大賽中摘取了桂冠。

與金錢、勢力、出身、親友相比，自信是更有力量的東西，是人們從事任何事業最可靠的資本。自信能排除各種障礙，克服種種困難，能使事業獲得完美的成功。自信者總是能夠大膽、沉著處理各種棘手的問題，從外表看去，他們都表現得比較開朗、活潑。

俗話說：「藝高人膽大。」自信心強的人，做事總是很穩重。自信是一種動力，信心所給予生命的，不只是一種襯托，一種憑藉，一種支持，還是永遠的堅強和力量。有了自信，就不會在突發事件面前慌張，就不會懼怕挑戰，就能穩紮穩打完成自己的事業。

才華出眾的人總會遇到挑戰，而有時恰好最嚴峻的挑戰又出現在他狀態最不佳的時候。一般來說，在沒有進入最佳的備戰狀態時，人們往往會喪失信心。

很多時候，我們的自信是受到條件限制的，當這種外在的條件不存在時，自信也會跟著一起消失不見。同時，自信也受習慣思維的影響，事物的表面現象有時左右著我們的固定思維，所以發生變化的不一定是事物最本質的東西。

在每一個成功者或巨富的背後，都有一股巨大的力量——自信的心態在支持和推動著他們不斷向自己的目標邁進。這些成功的欲望和自信正是他們創造和擁有財富的源泉。

美國前總統隆納．雷根（Ronald Wilson Reagan）深知此道，從二十二歲到五十四歲，他從電臺體育廣播員到好萊塢明星，整整三十多年的歲月都在文藝圈裡度過。對從政，他是完全陌生的，更沒什麼經驗可談，但他卻立志要當總統。當共和黨內的保守派和一些富豪們竭力慫恿他競選加州州長時，雷根毅然決定放棄賴以為生的影視業，決心開闢人生的新領域。

在雷根如願以償當上州長問鼎白宮之前，曾與競爭對手卡特舉行過長達幾十分鐘的電視辯論。面對鏡頭，雷根發揮出淋漓盡致的表演才能，時而微笑，時而妙語連珠，在選民面前完全憑著當演員的本領，占盡上風。相比之下，從政時間雖長，但缺少表演經歷的卡特卻顯得相形見絀。

自信之人，定有超乎常人的非凡之處，他們或才智超達，傲視群雄；或學業專精，無人能及。自信是從骨子裡帶出來的，真正的自信絕對不會因為外在形式的改變而消失，充滿自信的人總會以精神飽滿的狀態迎接每天的挑戰。而借助外在條件使自己自信的人，總有洩氣的一天，畢竟自信不是靠運氣，而是靠平時的累積。

先相信自己，別人才會相信你

每個人身上都潛藏著巨大的能力，但並不是每個人都能發現並運用自己身上的潛能。許多人就是在默默無聞中葬送了自己的天賦，最終一事無成。

人生就是一幅捲起來的畫卷，這畫卷永遠沒有盡頭。有的人向社會展示了幾張，就戛然而止；有的人卻展示了許許多多，而且還在不斷展示。開啟這畫卷的手就是一種心態——自信。自信心有多強，能力就有多強。

信念值多少錢？信念是不值錢的，它有時甚至是一個善意的欺騙。然而，你一旦堅持下去，它就會迅速升值。信心雖然只是一種精神狀態，但是它卻能把貶抑的自我提升起來，能把自身的潛能調動起來，去克服重重困難，最終走向成功。

有人說逆境中的人最容易自卑，這只是看到了事情的一面。其實逆境中的人也往往更容易獲得信心，因為逆境能讓人進一步體會出生命的價值和意義。人在逆境裡比在順境裡更能堅持不屈，遭厄運時比交好運時更容易保全身心。

當一個人還是一個孩子的時候，如果父母一直在提醒他：「你是天下最優秀的，你的失敗是暫時的，再做一次肯定會成功的！」事實上也要求孩子做錯了再做，直到成功，這無疑就培養了孩子的自信心。

擁有自信就獲得了一半的成功

自信的心態能化被動為主動，由劣勢變為優勢。信心的力量是巨大的，有了自信，就有了頑強的精神和意志，從而戰勝自己，戰勝重重困難。

一個人如果意識到自己是什麼樣的人，那麼，他很快就會知道自己應該成為什麼樣的人。

一個人如果非常自信，非常相信自己的能力，就會擁有巨大的力量。

我們所說的自信，就是指要有充分相信自己並能夠根據預定的目的來支配和調節自己的言行，滿懷信心走向成功的心態。

一個有自信心的人在面臨一個問題時，自我激勵語句就會從潛意識心理跳躍到有意識的心理。尤其是對於那些掙扎在死亡線上的人們，這個自我暗示顯得尤為重要。

潛意識能夠說明人們完成某種目標。如果對你的潛意識一再下命令，並且都是正面的指令，你的信心就會大增。如果你在心裡默念：「一天天，我在各方面都會越來越好。」這種自我暗示會給你帶來非常有利的結果。

思考一下自己正負兩方面的思想，你會發現，自己最大的弱點是缺乏自信。這個弱點是可以借助自我暗示的方法加以克服的。可以透過寫作、背誦和記憶的方式，把正面的思考表達出來，直到這種動力成為你潛意識中的一項機制。

人的心理所設想和相信的東西，都可以用積極心態去獲得。

聖雄甘地所運用的潛力超出了同時代的任何人。但是，他從來沒有操縱過任何正常的權力工具，比如金錢、軍隊和武裝衝突。他沒有錢、沒有家，甚至沒有一件像樣的衣服，可他實實在在擁有權力。他憑藉自己的能力，將信念植根於印度人民的心中。

保持自我本色，做好你自己

我們每個人都是世上獨一無二的，你就是你自己，你無須按照他人的眼光和標準來評判甚至約束自己，你無須總是效仿他人。

我們選擇什麼，就會成為什麼樣的人，只要找到了適當的地方，就能克服一切的困難，達成目標。

周圍的人可以作為評估自我意象的一個標準。一個自我意象健康的人，會要求四周的人尊重他；這種人善待自己，並且讓身旁的人表示：這就是他希望被對待的榜樣。

如果你覺得自己很差勁，就會容忍所有的人踐踏你、貶視你。你心裡只有諸如此類的念頭：「我根本不算什麼」、「都怪我」或「我老是受這種待遇，說不定是我罪有應得。」

你也許要問：「我能忍受多久？」

答案應是：「看你會輕視自己多久。」

別人只是依照我們對待自己的方式來對待我們。跟我們交往的人，很快就會知道我們是否尊重自己。只要尊重自己，別人就會如法炮製。你自出生以來就具備這樣的資格，現在也依然未變。

你值得讓人愛，讓人尊重，只因為你是你。

我們看到世界各地災難或饑荒的新聞報導，內心都不由得感到痛楚。每個人對於如何幫助這些受苦的人，都有不同的主張，但每個人都一樣關心。這就是人性。

相信自己一定會爬起來

世上不知有多少失敗者，只因沒有堅強的自信，他們所接近的也無非是些心神不定、猶豫怯懦的人，他們三心二意，永無決定事情的能力；他們自身明明有著一種成功的要素，卻被自己活生生推了出去。

他們應該不急躁、不懊惱，不輕易發怒，更不應該遇事遲疑不決，這些良好的品性，往往比焦心憂慮更容易解決許多困難。

一個人的成就絕不會超過自己所相信的程度。如果你已經有了適當的發展基礎，而且知道自己的力量能戰勝困難，就應該立刻拿定主意，不要再發生絲毫動搖，即使你遭遇一些困難和阻力，也千萬不要想後退。

無論你現在處於一種什麼狀態，千萬不要失去最可貴的自信！你應該昂起的頭，切勿被困難壓下去；你堅決的心，切勿被惡劣的環境所屈服。你要做環境的主人，而不是環境的奴隸。你無時無刻不在改善你的境遇，無時無刻不在向著目標邁進。你全身的力量已經足以完成那件事業，絕不會有人來把你的這股力量搶了去。你應該從自己的個性改起，養成一種堅強有力的個性，把曾被你趕走的自信和一切因此喪失的力量重新挽救回來。

有許多人對事業曾經失去過信心，但最後還是重新建立了自信，挽回了事業。世人應該保持這種價值連城的成功之寶，正如應該爭取高貴的名譽一般重要。

諾貝爾（Alfred Bernhard Nobel）的成功就充分說明了這一點。

在諾貝爾的遺囑中，他將價值瑞典幣三十餘億克朗的財產，部分贈予親友，大部分留作基金，以基金的利息作為獎金，每年頒發一次，給予在物理、化學、生理和醫學、文學方面有貢獻的人，以及有效促進國際親善，廢除或裁減常備軍，對促進和平事業有貢獻的人。受獎人不受國籍限制，這就是自一九〇一年

起頒發的舉世聞名的諾貝爾獎金。

諾貝爾是因為發明了硝化甘油炸藥的引爆裝置而獲得了巨額財富。

諾貝爾初次見到硝化甘油，是在聖彼德堡。當時，一個名叫西寧的教授拿硝化甘油給諾貝爾父子看，並放在鐵砧上錘擊，受錘擊的部分立即發生爆炸。這引起了諾貝爾極大的興趣。西寧教授說，如能想出方法使它爆炸，在軍事上大有用處。從這以後，年輕的諾貝爾就對此念念不忘，力求完成這一發明。

諾貝爾經過長期思考和實踐，知道要使硝化甘油爆炸，必須把它加熱到爆炸點或以重力衝擊。尋求一種安全的引爆裝置，是他的目標。西元一八六二年五、六月間，諾貝爾在聖彼德堡的實驗室裡，進行了第一次探索性的試驗。他先把硝化甘油封裝在玻璃管裡，再把玻璃管放進裝滿火藥的錫管裡，然後裝進導火管。裝好以後，諾貝爾兄弟三人一起來到水溝旁，將導火管點燃，丟入水中，結果，水花四濺，地面震動，爆炸力遠大於一般火藥，表明硝比甘油與火藥都已爆炸了。這是一次用較多的火藥引爆較少的硝化甘油的試驗，它的意義不在於實用，而在於第一次發現了引爆硝化甘油的原理。

自此以後，諾貝爾努力尋求硝化甘油爆炸的引爆物。這種引爆物的用量，當然應該遠小於硝化甘油，才有實際意義。他經歷了多次失敗，仍以頑強的毅力堅持試驗，以至於就連他的父親和哥哥都嘲笑他「固執」。

有一次，諾貝爾以為已經找到了引爆硝化甘油的辦法，滿懷信心進行試驗。他用一隻小玻璃管，裡面裝滿火藥，與導火線接好後，浸入裝有硝化甘油的容器內，點燃後，他像一個放爆竹的孩子一樣期待著轟然一聲巨響。但是，玻璃管內的火藥爆炸卻未引燃硝化甘油。可貴的是，他失敗後並不急躁，也不灰心。經過反覆試驗和分析，他終於發現是由於玻璃管口沒有封緊，火藥不能炸碎玻璃管，沒有產生足以使硝化甘油爆炸的衝擊力和溫度。於是他用蠟將管口封死，終於獲得成功。

西元一八六八年一月，瑞典科學會授予諾貝爾父子金質獎章，獎勵諾貝爾的父親（Immanuel Nobel）用硝化甘油製造炸藥的長期努力，獎勵諾貝爾首次使硝化甘油成為可以用於工業的炸藥。

於是，諾貝爾給自己定出了新的目標：試製一種兼有硝化甘油的爆炸威力和猛炸藥的安全性能的新品種。不久，堅結的膠質炸藥和柔軟的可塑性極好的膠質炸藥相繼問世。它的爆炸效力高，價錢又比較便宜。它比硝化甘油有更大的爆炸力，而又具有更大的穩定性，點燃不至爆炸，浸水不會受潮。膠質炸藥很快在瑞士、法國、義大利的爆破工程中被廣泛採用，盛行起來。

諾貝爾是一個具有豐富想像力的人。他在各個科學技術領域，都以進取的姿態竭力發揮自己的才能。他往往同時從事幾種研究，用他自己的話來說：「我的工作是間歇的，我將一件事放下，過一陣子又重新做起。我常常這樣。不過，凡是我認為可以得到最後成功的事，我總回過頭去做好。」

他就是這樣，以頑強的意志和毅力，不怕失敗，不怕困難，最終取得了成功。

在實現夢想的征程中，誰都會遇到風浪，而只有戰勝風浪，才能閒庭信步，獲得勝利後的喜悅，取得最後的成功。

帶著信念走向成功

很多人在小事情上能夠保持自信，而一旦面對挑戰性比較大、實現起來需要很大難度和很長時間的事情時，他們就退縮了，因為他們沒有必勝的信心。又有多少人相信自己能夠成為富翁呢？但如果仔細研究富翁的身世，你會發現很多人出身平凡且智力並不比常人高多少，他們為什麼就能成功呢？有一個重要的原因就是——他們有必定會成功的信念！

德國一家電視臺有一檔智力遊戲節目《百萬富翁》。獎金豐厚，懸念迭出，吸引了許多德國觀眾。這檔節目有一個特點，就是每答對一道題目，就可以獲得相應的獎勵，而如果繼續答題時沒有答對，那麼就退出比賽，並且剝奪已經取得的獎勵。

前十幾期沒有一位參與者能夠獲得一百萬的獎勵，能夠在節目中有所收穫的只是一些見好就收的人。

自節目開播幾年來，雖然參賽者強手如林，可真正一路過關斬將直到最後的人卻從來沒有出現過。因此，幾乎所有的參與者都學乖了，最多到十萬左右，便放棄答題，退出比賽。直到一位叫克拉馬的青年人的參與，才第一次產生了百萬巨獎。

令人奇怪的是，克拉馬取得的百萬巨獎並不是因為他知識淵博，據當地媒體評論說，成就克拉馬的不是他的學問，而是他的心態和野心。因為在五十萬之後，每一道題都相當簡單，只需略加思考，便能輕鬆答出。

那麼多人與巨獎失之交臂，都是因為自己「見好就收」，沒有成為百萬富翁的野心。現在很多人崇尚「知足常樂」，固然，知足常樂可以作為一種生活態度，可以讓人過得更輕鬆，但是卻絕對不可以當作人生信條。我們生活在這個世界上，就必須要不斷奮鬥，不斷向另外一個目標前進。沒有野心的人是可悲的，不管他多麼有才華，沒有了進取的信念，就只能成為一個庸庸碌碌的人。

如果失去跨出桎梏的勇氣，那麼我們將把自己對人生的夢想和野心一個個拋棄掉，而沒有追逐夢想、實現野心的激情，人生則必然會缺乏激情。自信的人是絕不會如此的。

大膽去做你想做的

許多成功的人，並不一定比你「會」做，重要的是比你「敢」做。

很多事情並不是因為難而使我們不敢去做，而是因為我們不敢去做而變得很難。許多人在還沒做一件事情以前就已經被嚇倒了，因為他聽到很多人都說難，他就相信這件事情真的很難，從而也就失去了努力的勇氣。但他們從沒想過說這些話的人，也許都是一些膽小鬼或者不肯付出辛苦勞動的人，也從沒想過自己會比說這些話的人要強，自己可能完全有能力超越別人，只是被別人盲目的言語嚇倒了。

一九五六年，五十八歲的哈默購買了西方石油公司，開始大做石油生意。石油是最能賺大錢的行業，也正因為最能賺錢，所以競爭尤為激烈。初涉石油領域的哈默要建立起自己的石油王國，無疑面臨著極大的競爭風險。

首先碰到的是油源問題。一九六〇年石油產量占美國總產量百分之三十八的德克薩斯州，已被幾家大石油公司壟斷，哈默無法插手；沙烏地阿拉伯是美國埃克森美孚石油公司（Exxon Mobil）的天下，哈默難以染指。如何解決油源問題呢？一九六〇年，當花費了一百萬美元勘探基金而毫無結果時，哈默再一次冒險接受了一位青年地質學家的建議：舊金山以東一片被德士古石油公司（Texaco）放棄的地區，可能蘊藏著豐富的天然氣，並建議哈默的西方石油公司把它租下來。哈默千方百計從各方面籌集了一大筆資金，投入到這一冒險的勘探中。當鑽到八百六十英尺深時，終於鑽出了加利福尼亞州的第二大天然氣田。

事實告訴我們：風險和利潤的大小是成正比的，巨大的風險能帶來巨大的效益，與其不嘗試而失敗，不如嘗試了再失敗，不戰而敗如同運動員的競賽時棄權，是一種極端怯懦的行為。作為一個成功的經營者，必須具備堅強的毅力，具備那種「拚著失敗也要試試看」的勇氣和膽略。當然，冒風險也並非鋌而走險，敢冒風險的勇氣和膽略是建立在對客觀現實的科學分析基礎之上的。順應客觀規律，加上主觀努力，力爭從風險中抓住機遇，獲得成功，是成功者必備的心態。

有了堅強的自信，就有了成功的可能

堅強的自信，是偉大成功的源泉。無論才幹大小，天資高低，有了堅強的自信，就有了成功的可能。

自信是成功的力量，只要你相信自己能成功，並以這種自信的心態去追求你想擁有的東西，在奮鬥的過程中不怕艱苦、不怕失敗，總有一天，你的目標就會實現。常言道：世上無難事，只怕有心人。沒有翻不過的山，沒有淌不過的河，只是因為不相信自己能力的人多了，世界上才有了「困難」這個詞。

一般人經常害怕恐懼、害怕被拒絕、害怕失敗。為什麼害怕？因為覺得自己不夠好，因為他不夠喜歡自己。如果讓你喜歡你自己，你必須重複念著：「我喜歡我自己，我喜歡我自己，我喜歡我自己，我是最棒的，我是最棒的。」

包玉剛就是以一條破船闖大海的成功者，當年曾引起不少人的嘲弄。包玉剛並不在乎別人的懷疑和嘲笑，他相信自己會成功。他抓住有利時機，正確決策，不斷發展壯大自己的事業，終於成為雄踞「世界船王」寶座的名人巨富。他所創立的「環球航運集團」，在世界各地設有二十多家分公司，曾擁有兩百多艘載重量超過兩千萬噸的商船隊。他擁有的資產達五十億美元，曾位居香港十大財團的第三位。包玉剛的平地崛起，令世界上許多大企業家為之震驚：他靠一條破船起家，經過無數次驚濤駭浪，渡過一個又一個難關，終於建立自己的王國，結束了西方壟斷國際航運界的歷史。回顧他成功的道路，他在困難和挑戰面前所表現出的堅定信念，對我們每個人都有很大的啟發。

包玉剛不是航運家，他的父輩也沒有從事航運業的。國中畢業後，他當過學徒、夥計，後來又學做生意。三十歲時曾任上海工商銀行的副經理、副行長，並小有名氣。三十一歲時包玉剛隨全家遷到香港，他靠父親僅有的一點資金，從事進口貿易，但生意毫無起色。他拒絕了父親要他投身房地產的要求，表明

了欲從事航運業的打算，因為航運業競爭激烈，風險極大，親朋好友紛紛勸阻他，以為他發瘋了。

但是包玉剛卻信心十足，他看好航運業並非異想天開。他根據在從事進出口貿易時獲得的資訊，堅信海運將會有很大的發展前途。經過一番認真分析，他認為香港背靠大陸、通航世界，是商業貿易的集散地，其優越的地理環境有利於從事航運業。三十七歲的包玉剛正式決心發展海運，他確信自己能在大海上開創一番事業。於是，他拋開了他所熟悉的銀行業、進口貿易，投身於他並不熟悉的航運業，當時，對於他這個窮得連一條舊船也買不起的外行，誰也不肯輕易把錢借給他，人們根本不相信他會成功。他四處借貸，但到處碰壁，儘管錢沒借到，但他經營航運的決心卻更加強了。後來，在一位朋友的幫助下，他終於貸款買來一條二十年航齡的燒煤舊船。從此，包玉剛就靠這條整修一新的破船，掛帆起錨，躋身於航運業了。

成功是產生在那些有了成功意識的人身上的，失敗則源於那些不自覺讓自己產生失敗意識的人身上，給自己建立一個有效的自我激勵系統，往往會得到意想不到的快樂與收穫。

抬起頭，遠離自卑

常聽到別人說：「我很不自信，我常覺得自卑。」這樣一講，就已顯得底氣不足，如果再面臨強大的對手，只有落荒而逃的份。

一個自信的人，他是不會承認對手的強大的，更不會說：「我不自信！」相反，他常會說：「我是最好的！我是最棒的！我是最優秀的！」

不自認卑微，儘管你職位不高，薪水不多，可是，離開了工作，你和別人一樣，都是平等的，沒有什麼不同。對任何人，都用一樣的態度，而不必諂媚，不必刻意討好。對任何人都不卑不亢，你就是你，你不比任何人矮一截，大家在人格上都是平等的。

一個人貧窮點沒關係，地位低些也沒關係。這些都是外在的，是可以憑自己的努力改變的，或者說得極端些，不改變又怎麼樣呢？各人有各人的生活，只要不妨礙別人，不對不起別人，窮些苦些又怎麼樣呢？但如果一個人自輕自賤，就沒有救了。一個自輕自賤的人，就算你的地位再怎麼高，財富再怎麼多，別人仍會覺得你有缺陷，仍會覺得你需要改變。當我們說一個人沒有出息的時候，主要的不是說他沒有做出成就，沒有成家立業，而是指那個人自己看不起自己、自己打自己耳光、自己不給自己臉面。

而自輕自賤的孿生兄弟，就是自卑。自卑就是拿別人的優點和自己的缺點作比較時得到的那種感覺，是慚愧、羞怯、畏縮，甚至灰心喪氣的情緒。有自卑感的人，常常輕視自己，總認為自己無法趕上別人，並因此而苦惱。

一個人為什麼會自卑，會自輕自賤呢？研究表明，兒童時期如果各項活動取得成績而得到老師、家長及同伴的認可、支持和讚許，便會增強他們的自信心、求知欲，內心獲得一種快樂和滿足，就會養成一種勤奮好學的良好習慣。相反，他們會產生一種受挫感和自卑感。這就是說，自卑感的形成主要是社會環境長期影響的結果。

俗話說「尺有所短，寸有所長」、「金無足赤，人無完人」。每個人都有優點與缺點。如果只看缺點不看優點，或者誇大缺點縮小優點，則會形成自卑感。苛求自己沒有缺點，這是不可能的。有時，某些缺點甚至還很難彌補，如身體的缺陷便是如此。積極的態度是以「長」補「短」。這一方面不行，也許另一方面比別人強。比如，盲人阿炳，雖然失去視覺，但卻拉得一手好二胡，他不就是靠聽覺和觸覺來體驗、創造生活的嗎？當認識到自己的缺點時，可以設法彌補，或選擇更適合於自己的途徑發揮自己的優點，自卑的心理也就沒有立足之地了。

一位考試失利的青年，感到十分失意，就騎著自行車在大堤上亂走，一不留神，車子歪了下去，險些撞著坐在堤下的一個老人。在向老人表示了歉意後，他沒馬上走，而是坐在老人身邊。那是春天的一個上午，陽光明媚，清風徐來。草綠了，花開了，那些花，在遠遠近近的綠草間像星星一樣閃爍。無數老人、孩子在草裡徜徉，花裡漫步，也像春天的陽光一樣燦爛。只有這位青年感到例外。

那時候，失意就像春天的草一樣在他思想裡蓬蓬勃勃。他看見一片落葉，便傷感，覺得自己也是一片落葉；他看見一片落花，也傷感，覺得自己是一片落花；看見流水，還是傷感，覺得自己的生命就在這平平淡淡中像水一樣流逝了。

老人看出了他的失意，跟他說起話來，老人說：「年輕人，怎麼這樣無精打采呢？」他當時手裡正纏著一根草，在老人問過後，他舉了舉那根草說：「我這輩子將像這根草一樣平凡。」老人沒做聲，只是靜靜看著他。在老人的注視下他說了起來，他說：「我是一個很不幸的人，國中時因一場病休學一年。此後，成績一直很差，勉強讀了高中後，又沒考上大學。」他又說：「一個人連大學都沒上過，毫無疑問是一個平凡的人，我這一輩子將在平凡中度過。但我不甘心，也不想成為一個平凡的人，我從小就立下志願，一定要讓自己的人生輝煌。」說到這裡，他流淚了，他心裡裝不下太多的失意，那些失意像洶湧的洪

水，終於找到了決口。

這時老人開口了，老人說：「你知道你手裡拿的是什麼草嗎？」「不知道。」「它是蒲公英。」「這就是蒲公英嗎，我常在詩人筆下見到它，可它也很普通呀。」他說。「你沒看見它開著花嗎？」「看見了，一種小花，毫不起眼。」「是不起眼，但它也可以輝煌。」「在詩人的筆下？」「不。」老人搖了搖頭，注視著他。

過了一會，老人站了起來，跟他說：「我帶你去看一個地方吧。」他聽從了老人的話，也站了起來。隨後，他跟著老人沿著那條堤往遠處走去。大約二十幾分鐘後，他看見了一個足以讓他一生都為之震撼的景致：那是一塊很大很大的河灘，有幾十畝甚至上百畝大，整個河灘上全是蒲公英，無邊無際。蒲公英開花了，那些毫不起眼的黃黃白白的小花，在陽光下泛著粼粼波光，那樣美，那樣爛漫，那樣妖嬈，那樣蔚為壯觀，炫目輝煌。一朵小花，也可以這樣輝煌嗎？他們再沒說話，就那樣佇立著，起風了，花輕輕向他湧來。他心裡一下子飄滿了那些美麗的蒲公英，忽然覺得自己也是一朵蒲公英了！

從那以後，那漫無邊際的蒲公英一直在他眼裡爛漫著，他彷彿從那裡看見了自己。他同時也深深懂得了平凡的人生也可能充滿著不平凡的道理。

當然，對於人生來說，一種充實有益的生活，本質並不是競爭性的，一個人不必把奪取第一看得高於一切，它只是個人對自我發展和幸福美好的生活追求而已。那些每天一早來到街頭公園練武打拳、練健美操、跳舞的人們，那些只要有空就練習書法繪畫、設計剪裁服裝和唱戲奏樂的人們，根本不在意別人對他們姿態和成果品頭論足，也不會因沒人叫好或有人挑剔就停止練習、情緒消沉。他們的主要目的不在於當眾展示、參賽獲獎，而是自得其樂、自有收益，滿足自己對生活美和藝術美的渴求。

只要做你自己，你便是快樂的

有人說做事容易做人難，有人說做人不難，做自己最難。其實做自己也不難，總比從別人嘴裡東聽一點西聽一些，支離破碎拚出自己的形象容易，走自己的路不後悔，過自己想過的生活，人生就不會浪費。

有這樣一個故事：一個老頭和一個小孩子用一頭驢子馱著貨物去趕集。趕完集回來，孩子騎在驢上，老頭跟在後面。路人見了，都說這孩子不懂事，讓老年人徒步。孩子就忙下來，讓老頭騎上。於是旁人又說老頭怎麼忍心，自己騎驢，讓小孩子走路。老頭聽了，又把孩子抱上來一同騎。騎了一段路，不料看見的人都說他們殘酷，兩個人騎

一頭小毛驢，把小驢都快壓死了，兩人只好都下來。可是人們又都笑他們是呆子，有驢不騎卻走路。老頭聽了，對小孩子嘆息道：「沒法子了，看來我們只剩下一條路：兩個人扛著驢子走吧！」

正因為老頭不能堅持自己的原則，總是被路人的言行所左右，最終落得個左也不是，右也不是，從而不知所措，徒增煩惱。

許多人做起事情來就像上述故事中所講的老頭兒和孩子，一件事想做得面面俱到，別人叫他怎麼做，他就怎麼做，誰有意見，就聽誰的。可是面面俱到的結果呢？卻是沒有人滿意，反而也將自己置於無所適從的境地。

處處想面面俱到，既想討好每一個人，又想不得罪每一個人，那是絕對不可能的。因為我們不可能顧及到每一個人的面子和利益，你認為顧到了，別人卻不一定這麼認為，甚至有的人根本不領情。再者，每一個人對同一件事的感受和看法都有所不同，你讓這個人滿意，就會令那個人不滿意。你做得面面俱到的結果最後只有兩種可能：要麼自己累得半死；要麼被人捏住軟肋，任人擺布。

與其這樣，我們何不明智一點，快樂做自己。按照自己的意願去做人做事，我們就不必勉強改變自己，不必費心掩飾自己。這樣，就能少一些精神的束縛，多幾分心靈的舒展，就能少一點不必要的煩惱，多幾分人生的快樂與輕鬆。

相反，忘記了「我是誰」，硬要逼迫去改變自己，戴著面具去應付人生，所有的煩惱就會接踵而至。

每個人在受教育的過程當中，都會有段時間確信：物欲是愚昧的根苗，模仿只會毀了自己；每個人的好壞，都是自身的一部分；縱使宇宙充滿了好東西，不努力你什麼也得不到；你內在的力量是獨一無二的，只有你知道自己能做什麼。

查理．卓別林（Charles Spencer Chaplin）剛開始拍電影的時候，導演讓他模仿德國當時一名著名的喜劇演員，可他表演一直都不出色，直到找出了屬於他自己的戲路，才成為舉世聞名的喜劇大師。在歐文．柏林（Irving Berlin）與喬治．蓋希文（George Gershwin）兩人相識的時候，柏林已是有名望的作曲家，而蓋希文還僅是個每星期只能賺三十五塊錢的無名小卒。柏林非常欣賞蓋希文的才華，願付三倍的價錢聘請他為音樂助理。但後來柏林卻說：「你最好別接受這份工作，否則你可能會變成一個二流的柏林；假如你秉持本色努力奮鬥下去，你會成為一個一流的蓋希文。」蓋希文牢記柏林的忠告，努力奮鬥，最終成為了美國當代著名的音樂家。

因此，我們應慶幸自己是世上獨一無二的，應該把自己的稟賦發揮出來。不管是好是壞，你都得耕耘自己的園地；不管是好是壞，你都得彈起生命中的琴弦。

只要做你自己，你便是快樂的。

相信自己一定能成功

成功意味著許多美好、積極的事物。成功是人生的發展目標。人人都希望成功，每個人都想獲得一些美好的事物。每個人都希望自己是人生的主宰，沒有人喜歡巴結別人，過一種平庸的生活，也沒有人喜歡自己被迫進入某種狀態。人生最實用的成功經驗，就是「堅定不移的信心能夠移山」，可是，在我們的生活中，真正相信自己能移山的人並不多，而真正移山的人就更少了。

可能你會說，我很勤奮，但就是對自己缺乏信心，不相信自己能夠成功。的確，這是一種消極的力量。當你心裡不以為然或懷疑時，就會想出各種理由來支持你的「不相信」。懷疑、不相信，潛意識要失敗的心理傾向，以及不是很想成功的心態，都是失敗的上要原因。

那麼，在生活中，如何培養你的自信心呢？

在聚會、開會等場合，你要專挑前面的位子坐。可能你已經注意到，在上述場合，後面的位子總是最先被坐滿。大部分占據後排座位的人，都希望自己不會太顯眼，而他們怕受人注目的原因就是缺乏自信心，坐在前排能建立你的信心，你可以把它當成一個規則試試看，從現在開始就盡量往前排坐。坐前排是比較顯眼，但成功何嘗不是一種顯眼呢？

練習用你的目光正視別人。眼睛是心靈之窗，一個人的眼神可以透露出許多有關他精神世界的資訊。面對一個不敢正視你的人，你可能就會問自己：他想隱瞞什麼呢？他怕什麼呢？他會對我不利嗎？如果不正視別人，你的眼神就意味著：在你旁邊我感到很自卑、我感到我不如你、我怕你。而如果總是躲閃別人的眼神則更糟，它通常告訴別人：我有罪惡感、我做了或想了我不希望你知道的事情、我怕一接觸你的眼神，你就會看穿我。但是，如果你正視別人，就等於告訴他：我很誠實，而且光明磊落，正所謂「君子坦蕩蕩」。

把你走路的速度加快。心理學家將懶散的姿勢、緩慢的步伐跟對自己、對工作以及對別人的不愉快感受連繫在一起。但是，姿勢和速度可以改變，你可以藉著這種改變調整你自己的心理狀態。如果你仔細觀察會發現，身體語言是心靈活動的結果。那些屢遭打擊、被排斥的人，連走路都拖拖拉拉，完全沒有自信心。所以，使用這種加快走路速度的方法，抬頭挺胸走會好一點，你就會感到你的自信心在滋長。

經常練習當眾發言。在生活中，你會發現，有許多思路敏捷、天資很高的人，卻無法發揮他們的優點參與討論，不是他們不想參與，而是因為他們缺少信心。盡量當眾發言，就會增加信心，下次發言就更容易一些。所以，從現在開始，你不要放過任何一個

發言的機會，不要懷疑自己，你的發言的確很精彩。

經常放聲大笑。笑能給自己很實際的推動力，它是醫治信心不足的一副良藥，不僅如此，笑還可以化解別人的敵對情緒。放聲大笑，你會覺得好日子又來了。現在，你就放聲大笑一次，然後體會一下其中的滋味。

某調味料公司的董事長對全體工作人員下達了「成倍增長味精銷售量，不拘什麼意見都可提，每人必須提一個以上建議」的命令。

於是，大家紛紛提出銷售獎勵政策、引人注目的廣告、改變瓶裝的形狀等等方案。

然而，一位女員工卻苦於提不出任何建議來。她本想以「無論如何也想不出」為由而拒絕參加，但考慮到這是社長的命令，並且言明不拘什麼建議都可以，所以她覺得拿不出建議有點不妥。

而在某日晚餐時，她想往菜上撒調味粉，由於調味粉受潮而撒不出來，她的兒子不自覺將筷子捅進瓶口的洞裡，用力往上攪，於是調味粉立時撒了下來。

在一旁看著的母親對她說：「如果你提不出建議，你把這個拿去試試看。」

「這個？」

「把瓶口開大呀！」

「原來如此！」她本來有些不以為然，但是又無其他建議可提，於是就提出了把味精瓶口擴大一倍的提案。

審核的結果出人意料。她提出的建議竟進入十五件得獎提案之中，領得獎金三萬元。而且此提案付諸實施後，銷售額倍增，為此，她又破例從董事長那裡領取了特別獎。

受寵若驚的她想：「本來以為提建議很難，沒料到這樣的提案竟然也得了獎。像這樣的提案，一天能提上兩三個。」

案例中的這位員工，與其說是透過這次的提議獲得了獎勵，還不如說透過這次提議而獲得了一種自信心。我們可以設想，等以後公司再有這樣的活動時，她絕對不會再說自己沒有任何提議了。

第三章　笑看人生，用樂觀駕馭悲觀

人生不如意，十之八九。但無論生活帶給我們怎樣的挫折與磨難，都應該用樂觀的心態去面對。因為，樂觀的心態是保持生命充滿活力的最佳良藥，樂觀的心態是戰勝一切挫折與磨難最有力的武器。

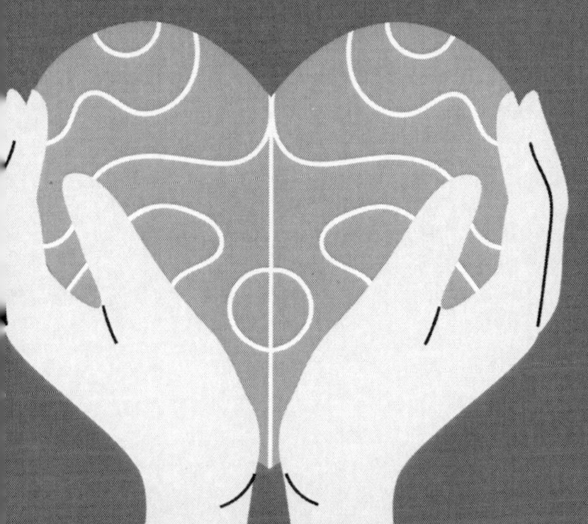

樂觀者往往是最後的贏家

在人生路上，遇到了失敗，我們不應該悲觀洩氣，應該把它作為人生的轉捩點，選擇新的目標或探求新的方法，把失敗作為成功的新起點。

生命中最大的危機常常就是最大的轉機。

做人應該這樣：當無事時，應像有事時那樣謹慎；當有事時，應像無事時那樣鎮靜。因為在漫長的旅途中，實在是難以完全避免崎嶇和坎坷。面對一個不幸的結局，只要保持精神的沉靜和堅定，不因一時的挫折而喪失鬥志，保持樂觀的心境，那麼一切都可以重新再來。

在現實生活中，我們總會發現抱怨的人遠比樂觀快樂的人多。喜歡抱怨的人在給自己找罪受的同時，也傷害著身邊的人，為他人招惹麻煩，我們發現世界上幾乎沒有人因為抱怨這個世界而得到快樂。雖然有時抱怨可以減輕當時的痛苦，幫助他從痛苦中暫時抽身，但那並不是幫助他徹底解決問題，而是在教他如何逃避現實。

事事都選擇沮喪失望，不如轉變思維往好的方面想；選擇痛苦呻吟，不如選擇開心快樂。如果你決定做快樂的人，生活就不會那麼平淡。在面對艱難困苦的挑戰時，如果你足夠機智，改變思維方式，世界也不會吝惜將生命中最豐盈的快樂送給你。受到傷害，療傷止痛才是明智之舉，沉溺於痛苦中不過只是徒增悲傷。

潮起潮落、冬去春來、日出日落、月圓月缺、花開花謝、野草榮枯，自然界萬物都在循環往復的變化中，而情緒也會時好時壞。

學會控制情緒，選擇好的心情，這是自然界的遊戲，很少有人窺破天機。每天醒來時，不再有舊日的心情。昨日的快樂已變成今日的哀愁，今日的悲傷又轉化為明日的喜悅。這就好比花的變化，今天綻放的喜悅也會變成凋謝時的絕望。但是，正如今天枯敗的花蘊藏著明天新的種子一樣，今天的悲傷常常預言著明天的快樂。樂觀是一種天真做人的態度。

每天利用幾分鐘的時間，想像明天、下一個星期或是明年，都可能發生許多愉快的事情，不要對未來煩惱或憂慮。多想想美好的事情，就會在不知不覺中實現它們。如此一來，你就養成了樂觀的習慣。

樂觀的人對一些繁雜的事情總是很看得開，他們認為：人生在世，不如意的事情十有八九，無論付出多大代價也是徒勞，什麼也帶不走。所以他們對事物的心態就是：人生在世，不快樂白不快樂，不管從事什麼職業，也不管曾經取得過多麼輝煌的成就，都會不驕不躁，泰然處之，從不會使自己成為一個故步自封、自以為是的人。

唐太宗李世民得天下後不久，對滿朝的文武大臣們說：「朕自年少之時就喜歡弓箭，許多年來曾得到十幾張好弓，自以為是天下最好的，沒有能超過它們的。可最近我將弓拿給一個弓匠看，他卻說：『做弓用的材料都不是最好的。』朕問其原因，弓匠說：『弓的材料的中心部分不直，所以，其脈紋也是斜的，弓力雖強，但箭射出去不走直線。』朕以弓箭平定天下，而對弓箭的性能尚沒有完全認識清楚，何況天下事務呢，怎能遍知其理？望你們多多發表自己的意見，糾正朕的錯誤。」

正因為唐太宗李世民有這樣一種開放的心態，所以，他才能明白「兼聽則明，偏信則暗」、「水能載舟，亦能覆舟」的道理；正是因為他有一種開放的心態，他才能知道：「以銅為鑑，可以正衣冠；以人為鑑，可以知得失；以史為鑑，可以知興替。」也正是由於他有一種開放的心態，所以大唐才成為了中國歷史上最強盛的帝國之一。

治國如此，為人與做事也是如此，在這個世界上，做任何事都要有一個這樣開放的胸懷，也只有如此才能成就輝煌的人生。

大發明家愛迪生靠他的智慧和勤奮，終於為自己建起了一個有著相當規模的工廠，工廠裡有著設備相當完善的實驗室，這些都是他幾十年心血的結晶。

然而不幸的是，一天夜裡，他的實驗室突然著火，緊接著引燃了貯存化學藥品的倉庫，隨後幾乎不到片刻的工夫，整個工廠便陷入了一片火海之中。儘管當時消防隊調來了所有的消防車，依然無法阻止熊熊大火的蔓延。正當眾人為愛迪生一輩子的成果將毀於一旦而感傷的時候，愛迪生卻吩咐兒子：「快，快把你的母親叫來！」兒子不解：「火勢已不可收拾，就是把全市的人都叫來亦無濟於事了，何必還要多此一舉呢？」沒想到愛迪生卻說：「快讓你的母親來欣賞這百年難得一遇的超級大火！」

妻子趕來了，當她看到愛迪生正以微笑來迎接她時，她有些不解：「你的一切都將化成灰燼了，怎麼還能笑得出來？」

愛迪生回答：「不，親愛的，大火燒掉的是我過去所有的錯誤！我將在這片土地上建一座更完善、更先進的實驗室和工廠。」

這是何其曠達的心境！在災難面前，愛迪生的心態令我們讚賞！

其實，為失去的東西悲傷是非常愚蠢的行為。就算為失去的一切毀滅了自己，又有什麼用呢？只有那些懷著一份曠達心境的人，才不會沉湎於自己曾經的擁有，而是懷著對未來無限的希望重新開始更加美好的創造。也許我們都曾經為了失去的金錢、工作、

地位、愛情等傷心啜泣過，但你要相信，在未來的歲月裡，一定還會有一份更加美好的禮物在等待著你。失去的東西只能成為你人生經歷的一部分，只有現在和未來才是你真實的生活。

沒有人能夠控制或改變你的態度，只有你自己能夠。你雖然改變不了環境，但卻可以改變自己的心態。你不能預知明天，但你可以把握今天，你不能左右天氣，但你可以改變心情。

自我感覺的控制，是成功的試金石。悲觀者，遇事放棄，他不可能掌握獲得成功必須的技能。只有那些樂觀者，感覺自己是命運的主宰者，如果事情不妙，他便迅速採取行動，尋找新的措施，總結過去的經驗，博採眾家之長，來擬定一個新的行動計畫，然後堅決執行，因此，樂觀者往往就是這樣成為最終贏家。每個人都應該具有這樣的精神，才會在以後的人生路上無論做什麼事情都會攻無不克，戰無不勝。

遇上不幸，他人放棄了，你還是勇敢面對；他人後退了，你還是積極向前，眼前沒有光明、希望，你還是不懈努力，尋找新的起點，造就你人生最大的成功。

活在當下，而不是過去和未來

生命是一個過程，不是一個結果。這種生活智慧和佛家常勸世人要「活在當下」的含義相似。到底什麼叫做「當下」？簡單來說，「當下」指的就是：你現在正在做的事、待的地方、周圍一起工作和生活的人；「活在當下」就是要你把關注的焦點集中在這些人、事、物上面，全心全意認真去接納、品嘗、投入和體驗這一切。

有個小和尚，每天早上負責清掃寺院裡的落葉。清晨起床掃落葉實在是一件苦差事，尤其在秋冬之際，每一次起風時，樹葉總隨風飛舞。每天早上都需要花費許多時間才能清掃完樹葉，這讓小和尚頭痛不已。他一直想要找個好辦法讓自己輕鬆些。

後來有個和尚跟他說：「你在明天打掃之前先用力搖樹，把落葉統統搖下來，後天就可以不用掃落葉了。」小和尚覺得這是個好辦法，於是隔天他起了個大早，用力猛搖樹，這樣他就可以把今天跟明天的落葉一次掃乾淨了。一整天小和尚都非常開心。

第二天，小和尚到院子裡一看，他不禁傻眼了。院子裡如往日一樣滿地落葉。老和尚走了過來，對小和尚說：「傻孩子，無論你今天怎麼用力，明天的落葉還是會飄下來。」

小和尚終於明白了，世上有很多事是無法提前的，唯有認真活在當下，才是最真實的人生態度。對此，你可能會說：「這有什麼難的？我不是一直都活著並與它們為伍

嗎？」問題是，你是不是一直活得很匆忙？不論是吃飯、走路、睡覺、娛樂，你總是沒什麼耐性，急著想趕赴下一個目標？

不只是你，大多數的人都無法專注於「現在」，他們總是若有所想，心不在焉，想著明天、明年甚至下半輩子的事。有人說：「我明年要賺得更多！」有人說：「我以後要換更大的房子！」有人說：「我打算找更好的工作！」後來，錢真的賺得更多，房子也換得更大，職位也連升好幾級，可是，他們並沒有變得更快樂，而且還是覺得不滿足：「唉！我應該再多賺一點！職位更高一點，想辦法過得更舒適！」

這就是沒有「活在當下」，就算得到再多，也不會覺得快樂，不僅現在不夠，以後永遠也不會嫌夠。忘了真正的滿足不是在「以後」，而是在「此時此刻」，那些想追求的美好事物，不必費心等到以後，現在便已擁有。或許人生的意義，不過是嗅嗅身旁每一朵綺麗的花，享受一路走來的點點滴滴而已。畢竟，昨日已成歷史，明日尚不可知，只有「現在」才是上天賜予我們最好的禮物。

雖然我們應該為明天的行動制訂出一套完美的計畫，可是卻完全沒有必要去擔心或者害怕什麼。

如果一個人習慣運用積極的思考方式與態度面對問題的話，那麼一定會帶你迎接美好的明天；如果消極的觀念充斥大腦，那麼你會一直滯留在沮喪的昨天。

「當下、目前、現在、如今」等這樣的字眼極為特殊，它把飄逝的過去和縹緲的未來巧妙劃分開來，讓你永遠都沒有辦法在這個時間點之外獨立生存。所以，只要你認真並且充實過好了現在，那麼，相信不久的將來你也一定會因為這種充實到達成功的彼岸。

面對挫折，堅強走下去

挫折是一筆可貴的財富，沒有人會不勞而獲，在走向成功的道路上，每個人都要付出辛勤的汗水，還要勇敢面對挫折與失敗。當我們觀察成功人士時，會發現他們的背景各不相同。那些事業有成以及每一行業的知名人士都可能來自貧寒家庭、偏僻的鄉村甚至於貧民窟。這些人現在都是社會上的成功人士，他們都經歷過艱難困苦的階段。

當失敗來臨時，有的人只會躺在床上不斷悲傷，哀嘆命運的不公，或者跪在地上，準備伺機逃跑，以免再次受到打擊。但是，有的人的反應卻大不相同。他被打倒時，會立即反彈起來，同時會汲取這個寶貴的經驗，繼續往前衝刺。

從挫折中吸取教訓，好好利用和把握，就可以對失敗泰然處之。千萬不要把失敗的責任推給自己的命運，要仔細研究失敗的原因。有很多人，一輩子渾渾噩噩，碌碌無為，他們對自己的平庸總會有許多解釋，這些人仍然像小孩那樣幼稚與不成熟；他們只

想得到別人的同情，簡直沒有一點主見。由於他們一直想不通這一點，才一直找不到使他們變得更偉大，更堅強的機會。

不管是暫時的挫折還是逆境，只要把它當作是一種教訓，那麼它就不會在自己的意識中成為失敗。在每一種逆境、每一個挫折中都存在著一個持久性的大教訓。而且這種教訓是無法以挫折以外的其他方式獲得的。

暫時的挫折並不可怕，只要不絕望，堅定信心，就完全可以把挫折當作走向成功的轉機。不論在什麼時候發生了什麼事情，你都要記住：厄運與幸運往往是交替出現的。當幸運來臨時，固然要把握它，利用它；而當事情開始向壞的方面轉化時，或者當所謂厄運當頭的時候，就要當機立斷採取行動，將厄運的影響降低到最小，並努力擺脫它所帶來的陰影，讓生命開始新的征程。

失敗，沒有什麼可怕的

一個人要有所成就，就必須忍受失敗的折磨，在失敗中鍛鍊自己，豐富自己，完善自己，使自己更強大，更穩健。這樣，才可以走向成功。

世界上的事不可能盡如己意。失敗和挫折是難免的，如果遇到意外事件就悲觀，這是懦夫的表現。真正的成功者，真正的強者不會整天憂心忡忡，他們會頑強衝破前進道路上的障礙險阻，也能心平氣和做自己應該做的事情。

一位砍柴為生的樵夫常年住在山裡，他每天都不辭辛苦工作，為的就是建一座能為他擋風遮雨的房子。在他不懈的努力下，房子終於建好了。

可天有不測風雲，一日，他挑著砍好的木柴到城裡去賣，當黃昏趕回家時，卻發現房子起了大火。左鄰右舍都來幫忙救火，但是因為傍晚的風勢過於強大，人們盡了最大的努力還是沒有辦法將火撲滅，所有的人只能哀聲嘆息，眼睜睜看著熾烈的火焰吞噬了整棟木屋。大火終於滅了，人們的目光都集中在樵夫身上，目光裡滿是同情，所有人都以為樵夫會傷心哭泣，可是他們卻發現樵夫手裡拿了一根棍子，跑進倒塌的屋裡不停翻找著。圍觀的人以為他正在翻找藏在屋裡的珍貴寶物，所以也都在一旁注視著他的舉動。

過了半晌，樵夫終於興奮叫著：「我找到了！我找到了！」鄰人紛紛向前探個究竟，才發現樵夫手裡捧著的是一柄斧頭，根本不是什麼值錢的寶物。只見樵夫將木棍嵌進斧頭裡，充滿自信說：「只要有這柄斧頭，我就可以再建造一個更堅固耐用的家。」

是呀，只要決心和毅力不倒，跌倒了又怎樣呢？爬起來，一切都可以重來。拿破崙(Napoléon Bonaparte) 說過：「人生的光榮不在永不失敗，而在於能夠屢敗屢戰。」成功的人不是從未被擊倒過，而是在被擊倒後，還能夠積極向成功之路不斷邁進，這才是能夠實現自我的人生態度！

蘇格蘭史學家卡萊爾（Thomas Carlyle）經過多年的艱辛耕耘，終於完成了《法國革命史》的全部文稿。他將這本巨著的底稿全部託付給自己最信賴的朋友米爾，請米爾提出寶貴的意見，以求文稿的進一步完善。但是隔了幾天，米爾臉色蒼白、上氣不接下氣跑來，萬般無奈向卡萊爾說出了一個悲慘的消息：《法國革命史》的底稿，除了少數的幾張散頁外，已經全部被他家的女傭當作廢紙，丟進火爐裡燒為灰燼了。卡萊爾在突如其來的打擊面前異常的沮喪。當初他每寫完一章，便順手把原來的筆記、草稿撕得粉碎。他嘔心瀝血撰寫的這部《法國革命史》，竟沒有留下任何可以挽回的記錄。但是，卡萊爾還是重新振作起來。他說：「這一切就像我把筆記本交給小學老師批改時，老師對我說：『不行，孩子，你一定要寫得更好些！』」於是，他又買了一大批稿紙，從新開始了又一次嘔心瀝血的寫作。我們現在讀到的《法國革命史》，便是卡萊爾第二次寫作的結果。

卡萊爾的精神讓人感動。許多傑出的人物、名垂青史的成功者，他們人生的成敗，並不是得益於旗開得勝的順暢，馬到成功的得意，反而是失敗造就了他們。這就正如孟老夫子所說的「天將降大任於斯人也，必先苦其心志，勞其筋骨，餓其體膚，空乏其身，行拂亂其所為，所以動心忍性，曾益其所不能。」在失敗面前，不要氣餒，把它轉變成對自己有利的經驗及能力，這樣就會協助自己創造更大的成績。

希望創造奇蹟

希望就像一個燈塔，在人生的道路上潛移默化指引著我們向前走去，因此，只要我們在心中給自己一份希望，人生的坎坷和曲折就會變得不再可怕。

自從我們降生到世上的那一刻起，不管自己是否願意，在一生中都將要經歷許多的挫折和磨難，這已成了不爭的事實。此時我們可以選擇退縮，也可以選擇一往直前。只是不論我們退縮或前進，坎坷的道路已經踩在了自己的腳下，如果放棄希望畏縮不前，那坎坷、泥濘將永遠駐足在我們的腳下，如果在希望的指引下勇敢邁出步伐，前面可等待我們的就可能能是一片陽光。

如果你是一個聰明的人，最好的做法應該是：審視自己目前所受的挫折甚至失敗，

使挫折成為成功的階梯，從現在開始，重建自信，重新加入生活的戰鬥中去。

只要你心中有希望，成功的彼岸就不會再遙遠，它能指引著你認清自己的方向並走出一個成功的人生。

昨天是痛苦的夢，而明天卻是充滿希望的憧憬。在困境中如果你認為自己真的失敗了，那麼你就會躺下來，如果你對自己說「一定要堅持」，那麼你就會走過險途獲得勝利。

希望還是一劑良藥，它能慰藉孤獨的靈魂，去勇敢接受已經殘缺不全的人生。希望是永恆的喜悅，它就像人們擁有的土地，年年有收益，是用不盡的、最牢靠的財產。希望，如同埋在土地裡的種子；希望，深藏在趕路者的心中；希望，是人們對人生的渴望，對美好未來的嚮往。

其實，苦難並不可怕，可怕的是面對苦難失去希望，失去應有的鬥志，站在苦難面前萎靡不振，趴下去後再也不想爬起來。但是，你如果對這些困難無所畏懼，積極朝著希望前行，逆境反而可以成為動力，帶你駛向理想的目標。

笑對人生，對厄運說「無所謂」

生活不是一種罪過，當厄運降落時，嘗試著凝視天空，或許堆積在心中的愁緒會慢慢的消失。即使今天的你還殘留著昨天的傷痕，你也一樣可以靜靜等待，等到冰雪融化的那一天，你就能吸取溫暖。

保樂在遭到失業痛苦的同時，父母又在一件意外事故中身亡了。經過這些致命的打擊後，他已經對生活失去了熱情，終日借酒澆愁。

一天，保樂又到一家酒店去買醉時，偶遇了一位心理學家。當心理學家了解了保樂的情況後，便對他說：「我有句三字箴言要送給你，它會對你的生活有一定的幫助，而且是使人心態平和的良方。這三個字就是『不要緊』。」

清醒後的保樂用了三天時間來領悟這三字箴言所蘊含的智慧。於是，他把這三個字寫下來，貼在家裡的牆壁上，他決定今後再也不會讓挫折和失望來破壞自己平和的心情。

後來，保樂果真遇到了生活的考驗，他無可救藥愛上了房東的女兒。她對他來說就像生命一樣重要，保樂從看到她的第一眼起，就確信她是自己今生唯一的伴侶，如果沒有她，自己肯定活不下去。但是，房東的女兒拒絕了保樂，

並告訴他，自己已經有了未婚夫。這時，保樂以她為中心構建的世界在瞬間就土崩瓦解了。那幾天，保樂覺得牆上貼著的「不要緊」三個字根本沒有用，甚至覺得好笑。

一個星期後，保樂透過冷靜的分析後，覺得這三個字對自己來講又有了不同的意義。他在想：到底有多要緊？那女孩很重要，自己也很要緊，快樂也很要緊。但自己希望和一個不愛自己的人結婚嗎？答案當然是否定的。

一個月後，保樂發現沒有房東的女兒，自己也照樣可以生活得很好，甚至感覺到一個人生活心情也能放鬆。他堅信將來肯定會有另一個人愛他的女孩進入自己的生活，即使沒有，自己也會過得很開心的。

三年後，一個漂亮溫柔的女孩走進了保樂的生活。在籌備婚禮的時候，保樂把那三個字從牆上撕下，扔進了垃圾桶中。他認為自己以後將永遠快樂，人生旅途中不會再有失敗和挫折。

的確，結婚的前幾年，他們過得很快樂。保樂有了一份理想的工作，妻子為他生了一對雙胞胎女兒，他們還有一定額度的存款。保樂覺得日子過得愜意極了。

在徵得妻子的同意後，保樂把所有的存款都投進了股市。但是，就在他買了股票後不久，股市連連下跌。保樂由於沒有投資經驗，他被股市牢牢套住了，家裡所有的開支僅靠他的薪水了，他們的生活又降到了僅能維持溫飽的狀態。

保樂的心裡非常難受，他又想起那句三字箴言：「不要緊！」保樂心想：上帝啊！這一次可真的是不要緊，而是要命，我的生活怎樣才能得以維持下去呢？

一天，就在保樂又沉浸在悲傷之中時，那對雙胞胎女兒咿呀咿呀學語的聲音吸引了他的注意力。兩個女兒坐在地毯上，朝他張開雙肩，兩個女兒臉上的笑容是那麼令人動容。這一刻，保樂覺得自己的心情受到了強烈的衝擊。他想：如此可愛的女兒，善良的妻子，這已是上蒼賜給我的無價之寶。而我在股市上損失的只是金錢，一切都會好起來的，實在「不要緊」。

不久，保樂又變得像以前一樣的樂觀，他再也不為金錢的損失而煩惱了。而生活也像他所期待的一樣，過得甜甜蜜蜜。

當我們遭到命運的撞擊時，都會本能的將它放大，很多時候我們就是被這種放大的困難嚇倒，失去了前進的勇氣。

以樂觀的心態看待周邊的世界

人類各種的不快樂，一部分是根源於外在的社會環境，一部分根源於內在的個人心理。

樂觀的人總是能從平凡的事物中發現美，天是藍的，雲是白的，花那麼香，陽光那麼燦爛……生活中還有許許多多歡樂的事物需要你用心去體會，去觀察。當一個人感興趣的事情越來越多，那麼他快樂的機會也會越多起來，而受命運擺布的可能性便會越少。

為了充實生活，協調身心，即使做些極為平常的小事，那也是一種寄託和滿足。

但是，有一點你的確需要注意，那就是：當你進行新的嘗試時，你很可能會犯錯誤，不論你的職業是什麼，只要不斷對自己提出更高的要求，都難免失敗。但要記住，失敗並非罪過，重要的是從中吸取教訓。

很多時候，我們的心情和所處環境有很大的關係，當環境很好的時候，我們可能表現得很快樂，或者很幸福，並且願意在這樣的環境中生活。當我們處在困難，或者不好的環境中的時候，大多數人都是選擇悲觀的心態。在這裡，與其說是環境讓我們改變了心情，不如說是環境促使我們選擇了那種悲觀的心情。

無論什麼時候，無論在多麼困難的狀態和環境下，你都應該保持一種積極樂觀的心態，這才是明智的選擇。有很多的東西是我們所無法改變的，我們的出生、所在的環境、所處的時代，這些都是無法改變的。但有些東西我們卻是可以改變的，那就是我們的心態。

抬起你萎靡不振的頭

一個萎靡不振、沒有主見的人，一遇到事情就習慣性的「先放在一邊」，說起話來又是吞吞吐吐、毫無力量；更為可悲的是，他不大相信自己會做成偉大的事業。反之，那些意志堅強的人習慣「說做就做」，凡事都有他的主見，並且有很強的自信心，能堅持自己的意見和信仰。

對於欲成大事，治療自己人性弱點的人而言，有一種最難治也是最普遍的毛病就是「萎靡不振」，「萎靡不振」往往使人完全陷於絕望的境地。

一個年輕人如果萎靡不振，那麼他的行動必然緩慢，臉上必定毫無生氣，做起事來也會弄得一塌糊塗、不可收拾。他的身體看上去就像沒有骨頭一樣，渾身軟弱無力，彷彿一碰就倒，整個人看起來總是糊里糊塗、呆頭呆腦、無精打采。

千萬不要與那些頹廢不堪、沒有志氣的人來往。一個人一旦有了這種壞習慣，即使後來幡然悔悟，他的生活和事業也必然要受到很大的打擊。

遲疑不決、優柔寡斷無論對成功還是對人格修養都有很大的傷害。優柔寡斷的人一遇到問題往往東猜西想，左右思量，不到逼上梁山之日絕不做出決定。久而久之，他就養成了遇事不能當機立斷的習慣，他也不再相信自己。由於這一習慣，他原本所具有的各種能力也會跟著退化。

一個萎靡不振、沒有主見的人，一遇到事情就習慣性的「先放在一邊」，說起話來又是吞吞吐吐、毫無力量；更為可悲的是，他不大相信自己會做成偉大的事業。反之，那些意志堅強的人習慣「說做就做」，凡事都有他的主見，並且有很強的自信心，能堅持自己的意見和信仰。如果你遇見這種人，一定會感受到他精力的充沛、處事的果斷、為人的勇敢。這種人認為自己是對的，就大聲說出來；遇到確信應該做的事，就盡力去做。

對於世界上的任何事業來說，不肯專心、沒有決心、不願吃苦，就絕不會有成功的希望。獲得成功的唯一道路就是下定決心、全力以赴去做。

遇到事情猶豫不決、優柔寡斷，見人無精打采的人，從來無法給別人留下好的印象，也就無法獲得別人的信任和幫助。只有那些精神振奮、踏實肯做、意志堅決、富有魅力的人，才能在他人心目中樹立起信用。不能獲得他人信任的人是無法成功的。

對於手頭的任何工作，我們都應該集中全副精神和所有力量。即使是寫信、打雜等微不足道的小事，也應集中精力去做。與此同時，一旦作出決策，就要立刻行動；否則，一旦養成拖延的不良習慣，人的一生大概也不會有太大希望了。

世界上有很多人都埋怨自己的命不好，別人為什麼容易成功，而自己卻一點成就都沒有呢？其實，他們不知道，失敗的原因只能是他們自己，比如他們不肯在工作上集中全部心思；比如做起事來，他們無精打采、萎靡不振；比如他們沒有遠大的抱負，在事業發展過程中也沒有排除障礙的決心。

以無精打采的精神、拖泥帶水的做事方法、隨隨便便的態度去做事，不可能有成功的希望。只有那些意志堅定、勤勉努力、決策果斷、做事敏捷、反應迅速的人，只有為人誠懇、充滿熱忱、血氣如潮、富有思想的人，才能把自己的事業帶人成功的軌道。

步入激發潛能的氣氛中

在人的一生中，無論何種情形，你都要不惜一切代價，步入一種可能激發你潛能的氣氛中，可能促使你邁上自我發達之路的環境裡。

安東尼．羅賓斯（Anthony Robbins）沒上過大學，卻成為舉世聞名的激勵大師。在他數十年的職業生涯中，曾為柯林頓（William Jefferson Clinton）和曼德拉（Nelson Rolihlahla Mandela）釋疑解惑，也曾給世界頂尖的運動員指點迷津。

羅賓斯認為，貪婪畏縮和缺乏動力是阻礙人銳意進取的絆腳石，保持一種積極的心態是成功不可或缺的要素。人生的動力一如雪球，會越滾越大。富者越富，貧者越貧，差別就在這裡。當一個人感召別人時，也在改變著自己。

全力去做自己擅長的事，才是最明智的選擇。成功的第一步就是趕緊行動，要有進取心去促成行動。一個人心中有美好的前景，才會想到要改變現實，進而訴諸於行動。在一次次巡迴演講中，他致力於喚醒聽眾的信心，試圖提高他們的生活品質，扭轉他們的人生航線。

要把夢想變為現實，就得為自己營造志在必得的心態。先了解自己最想要什麼，才能每天努力去追求，並維持追求的動力。生在什麼都不可能發生的家庭，羅賓斯之所以從不可能中脫穎而出，上進心就是他最大的資產。

有人詢問羅賓斯：「我從早到晚都能看到你的身影，有時是在海報上，有時是在電視裡。我發現你總是那麼樂觀，總是那麼情緒高昂，你是怎麼保持這種精神狀態的？」

羅賓斯回答說：「因為我有動力，一種強勁的動力。人生每天都要面對這樣那樣的挑戰。我創辦公司的目的不是賺錢，而是那些需要錢的老人孩子、流浪者或坐牢的人。我有妻子和四個孩子，希望自己能做得更好一點。跟普通人一樣，我也會傷心難過，也有洩氣、憤怒和失望的時候。然而隨著內在力量的不斷增強，被這些情緒困擾的時間也就越來越短。由一個月至一週，再到一天，現在最多不超過十五分鐘。從另一個角度看人生，我有一種全新的認識，知道自己最想要的是什麼，所以對未來一直心存美好的嚮往。」

生在什麼都不可能發生的家庭，羅賓斯之所以從不可能中脫穎而出，上進心就是他最大的資產。

堅持信念，點燃希望的火花

對所有的人來說，堅持是「病入膏肓」的特效救命藥，也是患難中最難能可貴的依靠。所以不管你的人生中會有什麼劫難，只要你堅持心中的信念，點燃希望的火花，你的人生就會出現轉折。

有一個出生在偏遠山村裡的農家女孩，在日出而作，日落而息的工作之餘，把全部的時間都用來做她最喜歡的一項傳統工藝——剪紙。

這個女孩子不知從哪裡聽說這麼一個消息：一些外國人喜歡中國的工藝品，大老遠跑到農家小院去買老太太做的虎頭鞋，一雙十美元。她想，北京是首都，外國人多，如果把自己的剪紙拿到那裡一定能賣個好價錢。十八歲那年，她為自己的剪紙作品進行了第一次嘗試，她帶著省吃儉用存出來的錢，滿懷希望到了北京。但是她沒有想到，北京藝術品市場裡的剪紙那麼便宜，她帶去的作品，一塊錢一張都沒人要，險些連回家的錢都成了問題。這次嘗試得到的答案是：此路不通，後果是不僅沒掙到錢，還賠上了一筆數目不少的車馬費。此時，這位女孩應當把什麼放在第一位？女孩選擇了堅持，她決定繼續學習剪紙藝術。

二十二歲那年，她為自己的剪紙進行了第二次嘗試。她苦苦哀求，纏著父母為她準備嫁妝錢，交了一家美術館的展覽費。這一次更慘，她不僅賠上了自己的嫁妝，還欠下了一大筆裝裱費，而且成了鄉鄰茶餘飯後的笑料。後來，她為還錢跑去工作，工作的那段日子儘管她過得很艱難，但她除了每天在生產線上拚命工作外，晚上還擠出時間去上美術課，處處留心實現自己剪紙夢想的機會。

後來，她做了一次又一次嘗試。隨著年齡的增長和人生閱歷的增加，她將自己所能了解到的途徑一一嘗試：到藝術學校自薦，參加各種各樣的評比和展出，給報紙雜誌寄作品，報名參加電視臺的剪紙節目，想方設法接觸記者，聯繫贊助搞個人展，請工藝品店和市場代賣，去印染廠推銷自己的圖樣設計等等。她的嘗試有許多都失敗了，但她勇敢承擔了每一次失敗帶來的後果。每失敗一次都要狼狽不堪處理善後問題，但她仍然對自己充滿希望，始終把酷愛的剪紙藝術放在第一位。

終於，她有了自己的一個小小的剪紙工作室，靠剪紙維持自己的生活。她滿足了，認為自己獲得了成功，因為日夜與她相伴的是剪紙藝術。最後，這個農家女孩成了一位名聲遠揚的「剪紙藝人」。

希望具有鼓舞人心的創造性力量，它鼓勵人們去盡力完成自己所要從事的事業。希望是才能的增補劑，能增加人們的才幹，使一切夢幻化為現實。

人類最可貴的財富是希望。希望減輕了我們的苦惱，希望總為人描繪出充滿樂趣的遠景，如果人類不幸到只限於考慮當前，那麼人就不會再去播種，不會再去種植，人對什麼也不準備了；從而在這塵世的享受中，人就會缺少一切。

別放棄，再堅持一下

許多成功者，他們與失敗者的唯一區別，往往不是更多的努力，或是更聰明的大腦，只在於他們多堅持了一刻——有時是一年，有時是一天。

由於胡里奧（Julio Iglesias）用世界上六國語言演唱的唱片已經銷售了十億多張，致使他獲得金式世界紀錄創辦者頒發的「鑽石唱片獎」。在歐洲，胡里奧已經五年都是流行歌曲的榜首明星，歌劇名星普拉西多·多明戈（José Plácido Domingo Embil）這樣評價這位四十多歲富有熱情的西班牙演唱浪漫民謠的歌手：「胡里奧達到了每個歌唱家夢寐以求的造詣，既會唱古曲的，又會唱通俗的，他打動了所有觀眾的心。」

胡里奧假如沒有信心、勇氣和鐵一般的毅力，那麼今天他可能只是一個默默無聞的殘疾人。說來也奇怪，他的成功還是由於一起車禍事故引起的。

西元一九六三年九月，胡里奧二十歲生日前，他和三個朋友沿著郊區的大路驅車向馬德里家中駛去，當時已過午夜，純粹出於年輕人的胡鬧，他把車速開到每小時一百公里，駛到一個急轉彎處，汽車陡然滑向一側，一個跟頭翻到了田裡。不大可信的是，當時沒有人受重傷。過了一段時間，胡里奧感到胸部和腰部急劇的刺痛，伴隨著呼吸困難和渾身發抖。神經外科專家診斷是脊椎出了問題，胡里奧癱瘓了，他被送到一個治截癱病人的醫院，脊柱檢查發現：他背上在第七根脊椎骨上長有一個良性瘤，隨後做了外科手術把瘤摘除。但是胡里奧回家後腰部下面仍不能動彈，這種情形實在讓人沮喪：胡里奧在幾年後可能會恢復一點活動能力，但是進展緩慢，鍛鍊使得他筋疲力盡。胡里奧有時也很絕望，有位護士得知這情形，給了他一把價錢不貴的吉他，他開始無目的撥弄起來，他發現這種亂彈亂奏給他消除了憂慮和無聊。這種亂奏引發他跟著哼起來，後來試著唱出幾句，使他高興的是，自己的嗓音還不錯。

手術後的四個月，胡里奧站在地板上，手抓著他家裡樓梯的扶手，費力試著舉步上樓，這樣的練習使他氣喘吁吁。但他總算抬起了邁向康復的第一步。

他每天的目標就是比前一天多邁出一步，為了加強身體其他部位的鍛鍊，他沿著門廳不停爬行四五個小時。在他家的消暑住地，他能拄著拐杖沿著海灘緩慢費力行走，到那一年的秋天，他換成拄一根手杖行走。幾個月後，他把手杖也扔到了一邊，每天慢行十公里。

一九六八年，他於法學院畢業，他曾打算進外交使團。在那時，音樂僅是一種消遣，長期而孤獨的恢復期使胡里奧產生了靈感，他總算寫出了自己的第一首歌《生活像往常一樣繼續》。

儘管他遲疑過，最後還是同意在西班牙一年一度為流行音樂舉行的最重要的比賽——《本尼多姆歌節》上演唱那首歌。在那次比賽中，胡里奧獲得了一等獎。這首歌一時在全國流行起來，並成了一部西班牙電影的片名，這部影片是根據他和癱瘓作鬥爭的經歷而寫的，他主演了這部電影，這樣又成了一位電影明星。

作為一個世界性的音樂家，公眾對他的接受有一個漫長的過程。在他用歌聲征服拉丁美洲聽眾的過程中，他首先得征服村民們，使他們知道胡里奧是誰。一九七一年他在巴拿馬時，身無分文，露宿在公園的長凳上。就在這種情況下，他也沒有懷疑過美好的明天在向他招手。他身體上的復原讓他決心不放棄任何夢想。

一九七二年，《獻給佳麗西婭的歌》結束了黑暗的日子，這首歌那跳動的民間節奏，使得它流行於整個歐洲和南美。

很快，他又推出了其他流行曲目。一九七四年，他的唱片《Manuela》使他在法國成為第一個獲得金唱片獎的西班牙歌手。

有一次，在阿根廷的馬德普拉特舉行了一場音樂會後，一對夫婦送給胡里奧一顆鑽石戒指表達他們感激的心意，因為在他們即將分手之際，是他音樂裡的溫柔和渴望使得他們夫婦重歸於好。

一九八一年，胡里奧寫的自傳《在天堂和地獄之間》一書中，他描述了自己婚姻的破裂，其痛苦的程度不亞於那次癱瘓。他體會到了失敗，陷進了深深的絕望之穀。他得做出超人的努力來面對觀眾。那時他覺得他的雙腿又癱了，可一位精神病醫生對他說是他的思想出了問題：「你應該像從前那樣，把自己投入到事業中去。」有位醫生建議：「繼續你已開展的事業——不達頂峰不甘休。」

有了這些鼓勵，胡里奧感覺好多了。從那以後，他嚴格遵守醫生的指導，時刻不忘二十年前的自我療法：每天要比昨天多邁出一步。

一九七八年，胡里奧和哥倫比亞廣播唱片公司簽了一項長期合約，他細心而不知疲倦工作，花了六個月的時間錄一張唱片，他先用西班牙語演唱，後來用了法語、義大利語、葡萄牙語和德語唱。他同時還得花些時間錄製用英語首次演唱的唱片。

雖然他是個語言天才，但是用多種語言進行七小時的錄音過程也夠折騰人的。他對「我愛你」這幾個字的發音特別小題大做。即使用西班牙語演唱，在錄音時他也能花上一個多小時反覆練習，直到達到了他認為能給人以美的享受才停止。

胡里奧回顧癱瘓時的黑暗之日，發現有很多東西值得感激。他說：「我在音樂方面獲得的一切成就，都來源於那次痛苦。」現在健康、愉快和出名的胡利奧．伊格萊西亞斯，他的生活本身證明了他寫進第一首歌《生活像往常一樣繼續》中的箴言：人總有理由生存，總有理由奮鬥！

一些人認為所謂成功，無非就是才智、闖勁和勇氣。但我們要想成功光有這三條是遠遠不夠的。你還必須以頑強的耐力對付生活中遇到的各種坎坷、障礙。

在心中造個不倒翁

自我意象的確立是十分重要的，其正或負傾向是我們的生命走向成功或失敗的指南針。

成功是一個不斷挖掘自身潛能的過程，而挖掘潛能必須不斷發現真正的自我。一個人一旦如此，便可重振一蹶不振的事業，甚至改變其整個生活狀況。

「自我意象」是重要的心理學發現之一。這種自我意象就是「我屬於哪種人」的自我觀念，它建立在我們對自身的認知和評價基礎上。一般而言，個體的自我信念都是根據自己過去的成功或失敗、他人對自己的反應、自己根據環境的比較意識，特別是童年經驗而不自覺形成的。根據這些，人們心裡便形成了「自我意象」。就我們自身而言，一旦某種與自身有關的思想或信念進入這幅「肖像」，它就會變成「真實的」。我們很少去懷疑其真實性，只會根據它去活動。人的自我意象，就有如電腦程式，直接影響這一機制運作的結果。如果你的自我意象是一個失敗的人，你就會不斷在自己內心的螢幕上看到一個垂頭喪氣、難當大任的自我，聽到「我是沒出息、沒有長進」之類負面的訊息；然後感到沮喪、自卑、無奈與無能，那麼你在現實生活中便注定失敗。

另一方面，如果你的自我意象是一個成功人士，你會不斷在你內心的螢幕上見到一

個趾高氣揚、不斷進取、敢於經受挫折和承受強大壓力的自我；聽到「我做得很好，而我以後還會做得更好」之類的鼓舞訊息，然後感受到喜悅與卓越，那麼你在現實生活中便注定成功。

自我意象的形成有以下特點：

■ **人的所有行為、感情、舉止，甚至才能始終與自我意象一致**：每個人把自己想像成什麼人，就會按那種人的方式行事；而且，即使他做了一切有意識的努力，即使他有意志力，也很難扭轉這種行為。

■ **人的全部個性、行為，甚至環境都是建立在自我形象這個基礎之上的**：如果一個人從心理上逃避成功，害怕成功，面對機會或挑戰，他就可能畏畏縮縮，這樣，即使不是一個失敗者，也是一個平庸之輩。因為，在其自我意象裡已經有了失敗的自我意象。其實，只要改變一個人的自我意象，他們都會發生奇蹟性的變化。

■ **自我意象是可以改變的**：一個人難於改變某種習慣、個性或者生活方式，似乎有這樣一個原因——幾乎所有試圖改變的努力，都集中在所謂自我的行為模式上，而不是意識結構上。很多人對心理諮商感到意義不大，是因為他們想要改變的是特定的外在環境或者特定的習慣和性格缺陷，而從來沒有想到改變造成這些狀況的自我認知。

要想從事創富活動，並全面完善自己的意識，就必須有一個適當的現實的自我意象伴隨著自己；就必須能接受自己，並有健全的自尊心。創富者必須信任自己，必須不斷強化和肯定自我價值，必須隨心所欲表現自我，而不是把自我隱藏或遮掩起來。創富者必須有與現實相適應的自我，以便在一個現實的世界中有效發揮作用。此外，創富者還必須認識自己的優點和弱點，並且誠實對待這些優點和弱點。

當這個自我意象完整而穩固的時候，創富者會有「良好」的感覺，並且會感到自信，會作為「我自己」而存在。如果它成為逃避、否定的對象，個體就會把它隱藏起來，不讓它有所表現，創造性的表現也就因此受到阻礙，內心會產生強烈的壓抑機制且無法與人相處。

每一個人內心所真正需要的正是我們心目中的崇高目標，在本質上都可以從豐富的生活或積極的創富過程中體驗到。當我們體驗到幸福、自信、成功的飽滿的感情時，就是在享受豐富的生活。當我們落魄到壓制自己的能力，浪費自己的天賦本能，使自己蒙受憂慮、恐懼、自我譴責和自我厭惡的程度時，就是在扼殺我們可以利用的生命力，就是在背棄自我發展和完善的道路。

所以，我們應改變這一點，努力發展新的自我意象。當然，發展新的自我意象，改變鬱鬱寡歡的失敗型個性不能依靠純粹或勉強的意志力。必須要有充足理由、足夠證據

確認舊的自我意象是錯誤的，因而要發展相應的新的自我意象，不能僅僅憑空想像出一個新的自我意象，除非你覺得它是有事實為依據的。經驗表明：一個人改變自我意象時，總覺得由於某種原因「看到」或者認識到了自己的本來面貌。

人無所謂偉大或者渺小。科學已經證實了哲學家、神祕主義者和其他直覺主義者的一貫主張：任何一個人都會由自己主宰「指引著走向成功」，任何一個人都有大於自身的力量，這就是「你自己」。

難怪人們過去總是把「心理意象」與「魔術」連繫起來，「心理意象」在創富學中，確實具有難以抗拒的魔力。

「在你心靈的眼睛前面長期而穩定放置一幅自我肖像，你就會越來越與它相近。」佛斯迪克博士說，「把自己想像成失敗者，這就使你不能取勝；把自己想像成勝利者，將帶來無法估量的成功。」由此可見想像對於我們事業的成功具有什麼樣的影響。

如果你充分相信自己有能力進行任何活動，那麼，你實際上就能獲得成功。一旦你敢於探索那些陌生的領域，便有可能體驗到人世間的種種樂趣。想想那些被稱為「天才」的人，那些在生活中頗有作為的成功者，他們並不僅僅是某方面的專家，也是不試圖回避困難的人。富蘭克林（Benjamin Franklin）、貝多芬（Ludwig van

Beethoven）、達文西（Leonardo da Vinci）、愛因斯坦（Albert Einstein）、伽利略（Galileo Galilei）、羅素（Bertrand Arthur William Russell）、蕭伯納（George Bernard Shaw）、邱吉爾（Winston Churchill）以及許多其他偉人，他們大多是敢於探索未知的先驅者，在許多方面與普通的人一樣平常，唯一區別只不過是他們敢於走他人不敢走的路罷了。人們可以用新的眼光重新看待自己，打開心靈的視窗，進行那些自己一向認為力所不能及的活動；否則，就只會以同樣的方式重複進行同樣的活動，直到生命終結。而偉人之所以偉大，往往是因為其探索的品格以及探索未知的勇氣。

第四章　寬容他人，就等於寬容自己

寬容是一把成功的金鑰，是一劑化解煩惱的良方，是給自己的一點甜蜜。人與人之間需要寬容、需要理解。寬容是催化劑，可以消除隔閡，減少誤會，化解矛盾；寬容是潤滑劑，能調節關係，減少摩擦，避免碰撞；寬容是清新劑，會令人感到舒適，感到溫馨，感到自信，感到世界的美。

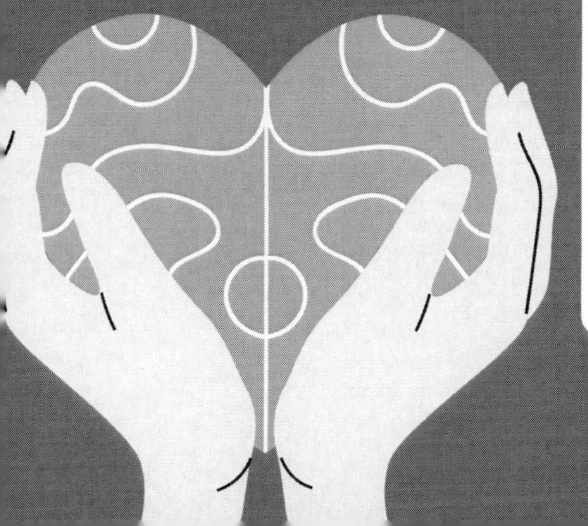

海納百川，有容乃大

世界上有什麼是寬容無法給予的？你希望和平、想要幸福、一顆理智的頭腦、一個明晰的目標、一種高尚的價值還是曠世之美？你想擁有關愛與安全，還是無時無刻的保護？你渴望那永不被打擾的平靜安寧，免受傷害的溫柔，還是永恆的慰藉？

寬容可以帶來這一切，甚至更多。當你醒來的時候，它在你的眼中流光溢彩，為你帶來整天的快樂。當你休息的時候，他撫慰你的額頭，輕撫你的雙眼，為你祛除各種恐怖與惡魔。當你從夢中醒來時，迎接你的又是幸福快樂的一天。

「寬容的感覺就好似路邊的野玫瑰，雖被踐踏了，卻把芳香留在了路人的鞋上。」這是永遠也無法窮盡寬容的重要意義。它是生命中重要的一課，我們遲早都會體會到。一顆寬容的心保佑你穿越死亡的陰影，填平了心與心之間的鴻溝。

寬容是一種品德，是做人的一種選擇。人之所以不能達到寬容做人，正是因為狹隘的存在。人難免狹隘，這是很多人的通病，只要明白了這一點，就應該對症下藥，治好這病。

十八世紀，法國著名的科學家普魯斯特（Marcel Proust）和貝克勒（Henri Becquerel）那時曾經是一對論敵。他們圍繞定比定律爭論了有九年之久，他們都堅持自己的觀點，互不相讓。最後的結果是普魯斯特獲得了勝利，成了定比這一科學定律的發明者。

但是，普魯斯特並未因此而得意忘形，忘乎所以。他真誠對與他激烈爭論了九年之久的對手貝克勒說：「要不是你一次次的責難，我是很難進一步將定律研究下去的。」同時，普魯斯特特別向眾人宣告，定比定律的發現有一半功勞是屬於貝克勒的，是他們共同促使了定律昭示天下的。

在普魯斯特看來，貝克勒的責難和激烈的批評，對他的研究是一種難得的激勵，是貝克勒在幫助他完善自己。這與自然界中「只是因為有狼，鹿才奔跑得更快」的道理是一樣的。

普魯斯特的寬容博大而明智的，他允許別人的反對，不計較他人的態度，充分看到他人的優點，善於從他人身上吸取營養，肯定和承認他人對自己的幫助。正是由於他善於包容和吸納他人的意見，才使自己走向成功。

這種寬容實在讓人感動，像這樣的例子還很多，著名的天文學家第穀（Tycho Brahe）和克卜勒（Johannes Kepler）之間的友誼就是一曲優美的寬容之歌。

克卜勒是十六世紀的德國天文學家，在年輕尚未出名時，曾寫過一本關於天體的小冊子，深得當時著名的天文學家第穀的賞識。當時第穀正在布拉格進

行天文學的研究，第穀誠摯邀請素不相識的克卜勒和他一起合作進行研究。

克卜勒興奮不已，連忙攜妻帶女趕往布拉格。不料在途中，貧寒的克卜勒病倒了。第谷得知後，趕忙寄錢救急，使得克卜勒度過了難關。後來由於妻子的緣故，克卜勒和第穀產生了誤會，又由於沒有馬上得到國王的接見，克卜勒無端猜測是第穀的使壞，寫了一封信給第穀，把第穀謾罵一番後，不辭而別。第谷其實也是個脾氣極壞的人，但是受此侮辱，第穀卻顯得出奇的平靜。他太喜歡這個年輕人了，認定他在天文學研究方面的發展將是前途無量的。他立即囑咐祕書趕緊給克卜勒寫信說明原委，並且代表國王誠懇邀請他再度回到布拉格。

克卜勒被第谷的博大胸懷所感染，重新與第穀合作，他們倆合作不久，第穀便重病不起。臨終前，第穀將自己所有的資料和底稿都交給了克卜勒。這種充分的信任使得克卜勒備受感動。克卜勒後來根據這些資料整理出著名的《路德福天文傳》，以告慰第穀的在天之靈。

浩瀚如海洋般的寬容情懷，使第谷為科學史留下了一頁人性光輝的佳話。這種寬容像雨後的萬里晴空，清新遼闊，一塵不染。

古人云：「海納百川，有容乃大。」寬容，不僅僅是一個人的道德修養問題，而且是一種生存姿態和方式的選擇問題。它能幫你成就事業，幫你走向成功！

待人寬一分是福

俗語說的好：千百個生命有千百種人生，千百條路有千百個人行。只要一直用心追求那麼一份平平淡淡、真真實實的坦蕩，就會有一份生活的輕鬆與平靜，就會有一片豁達的天空和一個充實的人生。豁達、坦蕩的生活，快樂會如期而至；豁達、坦蕩的生活，便是享受人生本身。永遠樂觀，不怕失意的人，即使跌下萬丈懸崖，也會堅韌活下去，而且高唱凱歌回來。

《菜根譚》中有這樣一段話：「處事讓一步為高，退步即進步的根本；待人寬一分是福，利人是利己的根基。」這是一種「大度」，是心懷寬廣的君子所為。假如生活欺騙了你，你是否也會不失這種君子的風範呢？

佛教是一門崇尚寬容精神的宗教。「滅卻心頭火，剔起佛前燈」，深刻透視了佛門中人的寬厚胸懷。

我們在現實生活中確實不免會遭遇屈辱與誹謗，當這樣的時刻來臨的時候，我們能

否泰然處之呢？

孔子說：「君子坦蕩蕩，小人常戚戚。」心胸坦蕩，才能寢食無憂，與人交而無怨，是做人處世的藝術。難怪諺語亦云：「月過十五光明少，人到中年萬事休。」人生本不必過於苛責別人，得饒人處且饒人，何苦雙眉擰成繩，這不僅是人與人之間交往的藝術，也是立身處世的一種態度，更是做人的涵養。

天地永遠是寬闊的，生活是快樂的，精神是自由的。所以，襟懷坦蕩的人常以「退一步海闊天空」作為立世不倒的生活鑑言。抱著無可無不可，可為可不為的豁達態度，享受自己的一份清靜與快樂。

幫助別人就是幫助自己

生活就像山谷回聲，你付出什麼，就得到什麼；你耕種什麼，就收穫什麼。幫助別人就是強大自己，幫助別人也就是幫助自己，別人得到的並非是你自己失去的。在一些人的固有的思維模式中，一直認為要幫助別人，自己就要有所犧牲；別人得到了自己就一定會失去。比如你幫助別人提了東西，你就會耗費了自己的體力，耽誤自己的時間。其實很多時候幫助別人，並不意味著自己吃虧。如果你幫助他人獲得他們需要的東西，

幫助別人就是幫助自己

你也會因此而得到想要的東西，而且你幫助的人越多，你得到的也越多。

與人為善是我們在尋求幸福，尋求成功的過程中必須遵守的一條基本準則。在當今這樣一個合作的社會中，人與人之間更是一種互動的關係。只有我們先去善待別人，善意幫助別人，才能處理好人際關係，從而獲得他人的愉快合作。

孟子曾經說過：「君子莫大乎與人為善。」那些慷慨付出、不求回報的人，往往容易獲得成功。而那些自私吝嗇、斤斤計較的人，不僅找不到合作夥伴，甚至有可能成為孤家寡人。有的人會問：怎樣才算與人為善呢？與人為善說起來很簡單，做起來卻不是一件容易的事，它包括相當廣泛的內容。如：關心他人，當朋友遇到困難的時候，主動伸出友誼之手；尊重他人，不去探究他人的隱私；不在背後議論、批評他人；善於和別人溝通、交流；善於和那些與自己興趣、性格不同的人交往；承認對方的價值和努力，對於錯誤要負起自己該負的責任……總的說來，善待他人的最重要原則就是「己所不欲，勿施於人」，凡事要從對方的角度來考慮。如果你能遵從這個原則，你將擁有許多朋友。

有人說良好的人際關係不是行動上做出來的，而是從心底裡「流」出來的，這句話很有哲理。它告訴我們，在人際交往中要以誠待人，事事以自己的心靈為準則，用「心」和他人交往。

有句話說得好：「幸福並不取決於財富、權利和容貌，而是取決於你和周圍人的相處。」你想做個幸福的人嗎？那麼就從與人為善開始吧！

寬容是一種大度

寬容是一種大度、一種涵養。心胸狹窄的人不可能寬容別人，而慣於斤斤計較；見利忘義的人也不可能寬容別人，只求索取而喋喋不休。真正寬容，是一種積極的生活態度和道德觀念。

春秋時，楚莊王有一次和群臣宴飲，當時是晚上，大殿裡點著燈，正當大家酒喝得酣暢之機，突然燈燭滅了。這時，莊王身邊的美姬「啊」地叫了一聲，莊王問：「怎麼回事啊？」美姬對莊王說：「大王，剛才有人非禮我。那人趁著燭滅拉我的衣襟。我扯斷了他的帽子上的繫纓，現在還拿著，你趕快點燈，抓住這個斷纓的人。」莊王聽了，便說道：「是我賞賜大家喝酒，酒喝多了，有人難免會做些出格的事，沒什麼大不了的。」於是，他命令左右的人說：「今天大家和我一起喝酒，如果不扯斷繫纓，說明他沒有盡興。」群臣一百多人馬上扯斷了繫纓而熱情高昂飲酒，盡興而散。

過了三年，楚國與晉國打仗，有一位將軍常常衝在前面，英勇無敵。戰鬥勝利後，莊王感到好奇，忍不住問他：「我平時對你並沒有特別的恩惠，你打仗時為何這樣賣力呢？」他回答說：「我就是那天夜裡被扯斷繫纓的人，是您寬容了我的魯莽，我非常感激您。」

寬容是我們自愛、自信的表現。拿得起，放得下，是一份從容，是力量的標誌。當然，能真正做到寬容的，是那些心地善良、富有愛心、胸懷豁達、志趣高遠的人，是那些有良好修養的人。

不求事事如意，但求問心無愧

我們都在尋求完美，可是完美到底是什麼呢？

人往往在有所失去的時候，特別盼望能夠回復完整。其實，心中滿懷希望和期待並不糟，它會讓你懂得珍惜和感恩，使你受益一生。

能認識到自己有種種遺憾，勇於放棄不切實際的夢想而坦然的人，可以說是完

整的。

古語云：甘瓜苦蒂，物不全美。從理念上講，人們大都承認「金無足赤，人無完人」。

正如世界上沒有十全十美的東西一樣，也不存在神通廣大的完人。在認識自我、看待別人的具體問題上，許多人仍然習慣於追求完美，求全責備，對自己要求樣樣都是，對別人也全面衡量。

難道那些偉人、名人果真那麼十全十美、無可挑剔嗎？絕非如此。任何人總有其優點和缺點兩個方面。

人是可以認識自己、掌控自我的，人的自信不僅是相信自己有能力和價值，同時也認識到自己有缺點和毛病。我們不苛求完美，因為我們每個人的兩重性是不易改變的。所以，我們應當保持這樣一種心態和感覺：我知道自己的優點，也知道自己的缺點。我深知自己的潛能和心願，也看到自己的困難和局限。人類永遠具有靈與肉、好與壞、真與偽、絢爛與孤獨、堅定與猶疑等等兩重性。

我們以這種自我認知、相互包容的觀念意識付諸行動，就能從自身條件不足和不利環境的局限中解脫出來，不必藏拙，不怕露怯。即使明知在某方面不如別人，只要是自己想做的事，也會果敢行動，我行我素。因為任何一個人只有經過跌跌撞撞，爬起來再來，才能學會諸多本領和技能。

任何人都有缺點和弱點，任何人也都有無知無能方面，只不過表現在不同的事情上而已。因而，人人在自我表現和與人交際中都會有「出醜」的表現。有些人由於不能實事求是對待自己的缺點，拿出勇氣，去革新和突破自己，所以，他們情願不做事、不講話、不交際，也不願意在別人面前暴露自己的弱點。在燈光燦爛、樂曲悠揚的宴會廳裡，他們很想站起來跳舞，可是怕別人笑話自己舞技拙劣，寧願做一晚上的看客。跳得好的人越多，觀眾越多，他們就越鼓不起勇氣。

著名的管理學家彼得・杜拉克（Peter Ferdinand Drucker）在書中寫道：倘要所有的人沒有缺點，其結果最多是形成一個平庸的組織。所謂「樣樣都是」，必然「一無是處」。才幹越高的人，其缺點往往也越明顯，有高峰必有深谷。

誰也不可能十全十美，與人類現有的知識、經驗、能力的彙集相比，任何偉大的天才都不及格。一位經營者如果只能見人之所短而不能見人之所長，從而刻意於挑其短而不是著眼於其長，這樣的經營者本身就是弱者。有些人，搞不清楚為什麼要放棄完美。因為不追求完美將達不到理想的目標，這只是一種慣性思維，事實是，大多數時候，我們只有放棄完美，才能樹立起自信自愛的意識，才能真正認識和確立自己的價值、選擇

和追求。

得饒人處且饒人

古人云：冤冤相報何時了，得饒人處且饒人。這是一種寬容，一種博大的胸懷，一種不拘小節的瀟灑，一種偉大的仁慈。為人處世，當以寬大為懷。生活在相互寬容的環境中，是人生的幸福，會使你忘卻煩惱，忘卻痛苦。

寬容是一種處世哲學，寬容也是人的一種較高的思想境界。學會寬容別人，也就懂得了寬容自己。

不給別人留臺階，最後自己也會沒有臺階可下。所以，做人要得饒人處且饒人，給人留個臺階，也是給你自己留條退路。

人不講理，是一個缺點；人硬講理，是一個盲點。理直氣「和」遠比理直氣「壯」更能說服和改變他人。

待人處事固然要「得理」，但絕對不可以「不饒人」。留一點餘地給得罪你的人，不但不會吃虧，反而還會有意想不到的驚喜和感動。每個人的價值觀、生活背景都不同，因此生活中出現分歧在所難免。大部分人一旦身陷鬥爭的漩渦，便不由自主焦躁起來。一方面為了面子，一方面為了利益，因此一得了「理」便不饒人，非逼得對方鳴金收兵或投降不可。

然而，「得理不饒人」雖然讓你吹響了勝利的號角，但這卻也是下一次爭鬥的前奏。因為對方雖然「戰敗」了，但為了面子或利益他自然也要「討」回來。

要做到忍讓，就必須具有豁達的胸懷，在為人處世、待人接物時，不能對他人要求過於苛刻。應學會寬容、諒解別人的缺點和過失。要做到這一點，就要有氣量，不能心胸狹窄，而應寬宏大度。特別是在小事上，如果寬大為懷，盡量表現得「糊塗」一些，便容易使人感到你通達世事人情。

一位住在山中茅屋修行的禪師，有一天趁夜色到林中散步，在皎潔的月光下，他突然開悟了。他走回住處，眼見到自己的茅屋遭小偷光顧，找不到任何財物的小偷要離開的時候在門口遇見了禪師。原來，禪師怕驚動小偷，一直站在門口等待，他知道小偷一定找不到任何值錢的東西，早就把自己的外衣脫掉拿在手上。

小偷遇見禪師，正感到驚愕的時候，禪師說：「你走老遠的山路來探望我，總不能讓你空手而回呀！夜涼了，你帶著這件衣服走吧！」說著，就把衣服披

在小偷身上，小偷不知所措，低著頭溜走了。禪師看著小偷的背影穿過明亮的月光，消失在山林之中，不禁感慨說：「可憐的人呀！但願我能送一輪明月給他。」禪師目送小偷走了以後，回到茅屋赤身打坐，他看著窗外的明月，進入空境。

第二天，他在陽光溫暖的撫觸下，從極深的禪室裡睜開眼睛，看到他披在小偷身上的外衣被整齊疊好，放在門口。禪師非常高興，喃喃說：「我終於送了他一輪明月！」

這就是人心受到感召的力量和改變。也許有人認為克制忍讓是卑怯懦弱的表現，其實，這正是把問題看反了。古人說得好：「猝然臨之而不驚，無故加之而不怒。」這才是真正的英雄。

懷有一顆感恩的心

感恩者遇上禍，禍也能變成福，而那些常常抱怨生活的人，即使遇上了福，福也會變成禍。

有兩個行走在沙漠的商人，已行走多日，在他們口渴難忍的時候，碰見一個趕駱駝的老人，老人給了他們每人半瓷碗水。兩個人面對同樣的半碗水，一個抱怨水太少，不足以消解他身體的飢渴，怨恨之下竟將半碗水潑掉了；另一個也知道這半碗水不能完全解除身體的飢渴，但他卻擁有一種發自心底的感恩，並且懷著這份感恩的心情，喝下了這半碗水。結果，前者因為拒絕這半碗水而死在沙漠，後者因為喝了半碗水，終於走出了沙漠。

只要我們對生活懷有一顆感恩的心，你就會有一種平靜的心態，遇到災難也不會亂了手腳，會熬過去的，而那些常抱怨生活的人，成功就會與他失之交臂。

曼德拉（Nelson Rolihlahla Mandela）因為領導反對白人種族隔離政策而入獄，白人統治者把他關在荒涼的大西洋小島羅本島上二十七年。當時儘管曼德拉已經高齡，但是白人統治者依然像對待一般的年輕犯人一樣虐待他。

但是，當一九九一年曼德拉出獄當選總統以後，他在總統就職典禮上的一個舉動震驚了整個世界。

總統就職儀式開始了，曼德拉起身致辭歡迎他的來賓。他先介紹了來自世界各國的政要，然後他說，雖然他深感榮幸能接待這麼多尊貴的客人，但他最高興的是當初他被關在羅本島監獄時，看守他的三名前獄方人員也能到場。他邀請他們站起身，以便他能介紹給大家。

曼德拉博大的胸襟和寬宏的精神，讓南非那些殘酷虐待了他二十七年的白人汗顏得無地自容，也讓所有到場的人肅然起敬。看著年邁的曼德拉緩緩站起身來，向三個曾關押他的看守致敬，在場的所有來賓都靜下來了。

後來，曼德拉向朋友們解釋說，自己年輕時性子很急，脾氣暴躁，正是在獄中學會了控制情緒才活了下來。他的牢獄歲月給了他時間與激勵，使他學會了如何處理自己遭遇苦難的痛苦。他說，感恩與寬容經常是源自痛苦與磨難的，必須以極大的毅力來訓練。

他說起獲釋出獄當天的心情：「當我走出囚室、邁過通往自由的監獄大門時，我已經清楚，自己若不能把悲痛與怨恨留在身後，那麼我其實仍在獄中。」

我們之所以總是煩惱纏身，總是充滿痛苦，總是怨天尤人，總是有那麼多的不滿和不如意，是不是因為我們缺少曼德拉的寬容和感恩呢？

記住曼德拉二十七年牢獄生活的總結：感恩與寬容經常是源自痛苦與磨難的，必須以極大的毅力來訓練。

控制怒氣，寬容別人

世界上很少有人天生就有好脾氣，但也沒有哪個人天生脾氣就十分糟糕，即使經過

控制怒氣，寬容別人

一定的教養也不能加以改善，使之變得令人愉悅的好脾氣。

一旦發現自己將要發火時，就降低聲音來控制怒氣。如果你意識到自己處於情緒激動的情況下，那麼一定要緊閉嘴巴，以免變得更加憤怒。突然的暴怒往往會引發一些突發的疾病。

習慣性的寬容所帶來的平靜是多麼美妙呀！它能使我們免除多少激烈的自我譴責啊！一個人面對突如其來的挑釁，能夠做到一言不發，表現出一種未受干擾的平靜心態，當他這樣做時，他必定不會感到後悔，而是認為自己做得完全正確，所以他的心靈會非常安寧。

相反，如果他當時發怒了，或者僅僅因為當時的憤怒，或者因為自己不小心說錯了話，或者表現了內心深處的真實想法，從而使他顯得有失風度，隨後他必定會感到一種深深的不安。緊張和易怒是一個人個性中的最重大的缺陷之一，它往往是激化矛盾的催化劑，它往往會破壞一個人行為處世的原則，使他的個人生活變得一團糟。

出口不遜的言辭從未給任何一個人帶來過一丁點兒好處，那只是虛弱的標誌。沒有人會因為它而變得更富有、更愉悅或更聰明。它從不會使人受到他人的歡迎；它令教養良好的人反感，使善良的人感到厭惡。

莎士比亞（William Shakespeare）曾經描寫了無數失控的情緒造成的精神毀滅的例子。他筆下的約翰王，因其對權力的欲望逐漸泯滅了高尚的品格，結果沉淪到幾近失控的地步，像一頭野獸。李爾王則是失控的情緒的犧牲品。在馬克白先生那裡，野心超越了榮譽，甚至促使他走上謀殺犯罪的道路，而謀殺後的恐懼、懊悔與自責又立即帶來了可怕的報應。而奧賽羅是被自己嫉妒的怒火慢慢毀滅的，許多其他人物的遭遇更說明了這樣的教訓：那些不能寬容的人一定會遭到他們朋友的冷落。

分享是一種美德，也是一種快樂

人類之所以成為進化程度最高的生物，分享是功不可沒的。人類社會中金錢、財富、物質……都是可以與人分享的，包括快樂也是可以分享的。

給予是快樂的源泉，為別人帶來快樂的同時，我們自己也會處於快樂的包圍之中。快樂是可以分享的，你給別人帶來了快樂，你分享給別人的東西越多，你獲得的東西就會越多。你把幸福分給別人，你的幸福就會更多。

大家都生活在同一個社會裡，人類生存的需要決定了我們人與人之間的關係必須是相互依存的，你關心了別人，別人也會關心你，當你為別人做了好事時，你會有一種由衷的快感和心靈的慰藉，而同時又贏得了別人的敬慕。

俄國詩人涅克拉索夫（Николай Алексеевич Некрасов）的長詩《在俄羅斯誰能快樂而自由》中寫道：詩人找遍俄國，最終找到的快樂人物竟然是枕鋤瞌睡的農夫。是的，這位農夫有強壯的身體，能吃能喝能睡，從他打瞌睡的眉目裡和他打呼嚕的聲音中，便流露出由衷的開心。這位農夫為什麼能開心？不外乎兩個原因，一是知足常樂，二是勞動能給人帶來快樂和開心。正是因為農夫付出了能讓別人快樂的勞動，所以他才能成為最快樂的人。付出最多的人，往往獲得也最多。

從前，有一位猶太教長老酷愛打高爾夫球。在一個安息日，這位長老突然覺得很想打高爾夫球。按照猶太教的規定，信徒在安息日必須休息，不能做任何事情。但是，這位長老實在忍受不住，決定偷偷去高爾夫球場。

來到高爾夫球場，空曠的球場上一個人也沒有。長老心想：反正也沒人看見我在打高爾夫球，我只要打九個洞就回去，應該沒什麼問題吧！

於是，長老開始打球了。他剛打第二洞，就被天使發現了。天使非常生氣，就到上帝面前去告狀，要求上帝懲罰這位長老。

上帝答應天使要懲罰長老。

這時，長老正在打第三洞。只見他輕輕一揮球桿，球就進洞了。這一球是多麼完美，長老高興極了！

天使默默注視著這一切。令他意外的是，接下來的幾個球，長老都是一桿就打進去了。天使非常不解，而且非常生氣。她又跑到上帝面前說：「上帝呀，你不是要懲罰這位長老嗎？怎麼不懲罰他呢？」

上帝說：「我已經在懲罰他了！」

天使看了看長老，只見極度興奮的長老，早已忘記自己只打九洞的計畫，決定再打九洞。天使不解：「我怎麼沒見您在懲罰他？」上帝笑而不語。

這位長老又打完了九洞，每次都是一桿就進洞，長老心裡很高興，但是，不一會兒，他就露出了不悅的表情。

上帝語重心長對天使說：「你看見了嗎？他取得了這麼優秀的成績，心裡十分高興，但是，他卻不能跟任何人講這件事情，不能跟任何人分享心中的愉悅，這不是對他最好的懲罰嗎？」

天使這才恍然大悟。

分享是一種美德，更是一種快樂。蕭伯納（George Bernard Shaw）曾經說過：「你有一個蘋果，我有一個蘋果，彼此交換，每個人只有一個蘋果。你有一種思想，我有一種思想，彼此交換，每個人就有了兩種思想。」

灑脫一點，遠離煩惱

「鮮花開了還會敗，大樹老了也會衰。沒有一世的晴空，沒有終生的暢快。總是豔陽過後有烏雲，總是平坦之木有歧路，總是有笑又有哭，總是無邪過去是無奈。」我們又何必整天憂心忡忡的惶惶度日呢？

「揮一揮衣袖，不帶走一片雲彩」是一種灑脫，藉此詩意的揮灑，你便拋卻了無盡的離愁。

「醉臥沙場君莫笑」是一種灑脫，藉此浪漫主義的注入，你便走進了超越生命空間的殿堂。

「別人生氣我不氣，氣出病來無人替」是一種灑脫，藉此調侃的語氣，你便遠離了無緒的煩憂。

灑脫既可以說是一種外在行為方式，也可以被看作是一種內在的精神境界。

有這樣一個人，他覺得生活很沉重，便去見哲人，尋求解脫之法。

哲人給他一個簍子背在肩上，指著一條沙礫路說：「你每走一步就撿一塊石頭放進去，看看有什麼感覺。」那人照哲人說的去做了，哲人便到路的另一頭等他。

過了一會兒，那人走到了頭，哲人問有什麼感覺。那人說：「覺得越來越沉重。」哲人說：「這也就是你為什麼感覺生活越來越沉重的道理。當我們來到這個世界上時，我們每人都背著一個空簍子，然而我們每走一步都要從這世界撿一樣東西放進去，所以才有了越走越累的感覺。」

那人問：「有什麼辦法可以減輕這沉重嗎？」

哲人問：「那麼你願意把工作、愛情、家庭、友誼哪一樣拿出來呢？」

那人不語。

哲人說：「我們每個人的簍子裡裝的不僅僅是從這個世界上精心尋找來的東西，還有責任，當你感到沉重時，也許你應該慶幸自己不是總統，因為他的簍子比你的大多了，也沉多了。」

算起來，人最輕鬆的時候，一是出生時，一是死亡時。出生時赤條條而來，背的是空簍子；死亡時，則要把簍子裡的東西倒得乾乾淨淨，又是赤條條而去。除此之外，一個人的一生，就是不斷往自己的簍子裡放東西的過程。得了金錢，又要美女；得了豪宅，又要名車；得了地位，還要名聲。生怕自己簍子裡的東西比別人放得少，哪怕是如牛負重，心為形役。這又豈能不累？要想真不累，其實也容易得很，只需把背簍裡的東西扔出去幾樣。可每往簍子外扔一件東西，我們都會心疼得流血。那就乾脆換個思路，給自己找心理平衡。那麼，當你感到生活簍子裡的東西太重因而步履蹣跚的時候，你不妨再看看左鄰右舍羨慕的眼光，看看他們同樣也在拚命往簍子裡撿東西；你就得安慰自己，你裝的東西多，是你的本事大，別人想裝還裝不進來呢。

你還得明白，生活簍子裡的東西越多，你的責任就越大。譬如說吧，你打算娶一個美女為妻，也就是說往簍子裡放一件人人羨慕的寶貝，那麼你在獲得美女愛情的時候，責任也就來了：美女的花費肯定比一般女人要高，被人覬覦、受人勾引的幾率也更大，你可能要經常處在猜忌、恐慌的情緒中，但你與漂亮太太走在街頭換來的無數羨慕的眼光，或許就是對你的彌補。

生活就是這樣，你要想在簍子裡多裝東西，就得比別人更辛苦。既然樣樣都難以割捨，那就不要想背負的沉重，而去想擁有的快樂。

人要活出一點味道，活得有點境界，就得學會擺脫緊張。而擺脫緊張的最好辦法就需要來點灑脫。灑脫既可以說是一種外在的行為方式，也可以被看作是一種內在的精神

境界。一個人要做到灑脫，首先就要調整好自己的心態，淡化功利意識。不要把自己的存在、自己的行為看得那麼重大。不妨設想一下，這個世界離開了誰地球不也照轉嗎？人的功利意識或者說使命意識太強，相對來說，其精神負載就大，其壓力就大，也就必然活得比常人緊張。但是，也有一種身負重任者卻往往忙中偷閒。有的人即使擔當天下大任，也能夠表現出一種閒態，比如在軍事活動頻繁之時，諸葛亮仍舊羽扇綸巾，謝安仍舊是圍棋賭墅，這是一種瀟灑。只有這種閒情逸致才能養成他們臨事不驚的本領。蘇東坡為官時不也很有一番灑脫之情致嗎？

灑脫是一種高層次的人生態度，是一種心靈境界。灑脫是使你心靈田野豐收的肥料；是使你浮游塵土的飛翼；現代人很難做到灑脫，也未必會崇尚灑脫。但是，灑脫不一定需要太多，只要有那麼一點，就能使你獲得生活的所有愉悅！

放下仇恨，輕鬆生活

在仇恨面前，寬容是仇恨最好的良藥，只有將仇恨放下，才能活得輕鬆。充滿仇恨的心只會讓自己變得更狹隘，狹隘的心會蒙蔽你明亮的雙眼，刪除心中的仇恨，才能使生命獲得重生；放下仇恨，我們才能從內心深處散發恬然，放下仇恨，才能還自己一個陽光明媚的未來。

在古代，有一位以畫神像而著名的畫家。一天，畫家到集市去賣畫。這時，他看到一位大臣的兒子在眾人的前呼後擁中走來。畫家看到這個小孩時，眼前一亮，因為這個人的父親是他不共戴天的仇人。這個人在畫家的作品前流連忘返，並且選中了其中的一幅神像畫。這幅神像畫畫得栩栩如生，特別是那雙眼睛放射出異樣的光，就像一個真神躍然紙上。

畫家見這個人如此喜歡這件作品，一時報復心起，連忙用布把畫遮蓋住，並聲稱這幅畫不賣。無論他出多高的價錢，就是不肯賣。

自此，大臣的兒子因為對這幅畫的日夜思念而變得憔悴不堪。最後那位大臣沒有辦法，只得親自出面，表示願意付出一筆高價來收藏那幅畫。可是畫家寧願把這幅畫掛在自己的畫室，也不願意出售。最後，大臣的兒子因得不到那幅喜愛的畫鬱鬱而終。聽到這個消息，畫家絲毫沒有悔過之心，心裡甚至有幾分得意。原來，這位大臣在年輕時曾經欺詐畫家的父親，使得老人因過度憤怒而死去。

畫家有一個習慣，他每天早晨都要畫一幅他信奉的神像。可是現在，他覺

得這些神像與他以前畫的神像一天就有一天的不同。他為此苦惱不已，他不停尋找原因。然而有一天，他驚恐丟下手中的畫筆，跳了起來：他剛畫好的神像的眼睛，竟然是那個大臣的兒子的眼睛，而嘴唇也是那麼的酷似，它似乎在對畫家說話，而畫家卻聽不清它說了些什麼，只聽到耳畔久久迴響的就是一句：「這就是我的報復！」

畫家一把抓住畫將它撕得粉碎，並高喊：「這就是我的報復嗎？為什麼我的報復卻回報到我的頭上來了呢？」

畫家將仇恨報復在小孩的身上，將他活活折磨死後，他晚上能睡得安穩嗎？報復最後卻報復到了自己的頭上，所謂冤冤相報何時了。唯有放下仇恨，才能讓自己得到解脫。

仇恨是副沉重的枷鎖，它會纏著你喘不過氣來，寬恕他人的過錯，才能擺脫這副枷鎖，獲得自由。

寬容是快樂的源泉

也許在很久以前，有人傷害了你，而你卻忘不了那件不愉快的往事，到現在還痛苦不堪，那就表示你還繼續在接受那個傷害。其實你是無辜的，你要了解到，你並不是世界上唯一有這種經驗的人。趕快忘掉這不愉快的記憶，只有寬恕才能釋放你自己，讓你鬆一口氣。

二戰期間，一支部隊在森林中與敵軍相遇，激戰後兩名戰士，部隊失去了聯繫。這兩名戰士來自同一個小鎮。

兩人在森林中艱難跋涉，他們互相鼓勵、互相安慰。十多天過去了，仍未與部隊聯繫上。這一天，他們打死了一隻鹿，依靠鹿肉又艱難度過了幾天，可也許是戰爭使動物四散奔逃或被殺光。這以後他們再也沒看到過任何動物。他們僅剩下的一點鹿肉，背在年輕戰士的身上。這一天，他們在森林中又一次與敵人相遇，經過再一次激戰，他們巧妙避開了敵人。

就在自以為已經安全時，只聽一聲槍響，走在前面的年輕戰士中了一槍——幸虧傷在肩膀上！後面的士兵惶恐跑了過來，他害怕得語無倫次，抱著戰友的身體淚流不止，並趕快把自己的襯衣撕下包紮戰友的傷口。

晚上，未受傷的士兵一直念叨著母親的名字，兩眼直勾勾的。他們都以為他們熬不過這一關了，儘管飢餓難忍，可他們誰也沒動身邊的鹿肉。天知道他

們是怎麼度過那一夜的。第二天，部隊救出了他們。

事隔三十年，那位受傷的戰士安德森說：「我知道誰開的那一槍，他就是我的戰友。當時在他抱住我時，我碰到他發熱的槍管。我怎麼也不明白，他為什麼對我開槍？但當晚我就寬容了他。我知道他想獨吞我身上的鹿肉，我也知道他想為了他的母親而活下來。此後三十年，我假裝根本不知道此事，也從不提及。戰爭太殘酷了，他母親還是沒有等到他回來，我和他一起祭奠了老人家。那一天，他跪下來，請求我原諒他，我沒讓他說下去。我們又做了幾十年的朋友，我寬容了他。」

寬恕人家所不能寬恕的，是一種高貴的行為。當我們看了以上的事例後，我們能不為他們的大義之舉感動嗎？難道我們感覺不到他們靈魂的高貴嗎？忍受巨大的喪子之痛，努力為兇手奔走呼告，還有誰比他們更懂得寬恕和寬容呢？如果沒有比海洋和天空還浩瀚的胸襟，沒有博大而深沉的愛，相信他們是不會寬恕別人所不能寬恕的罪人。寬恕生者比寬恕死者更需要理智與博大無私的愛，可是這些善良淳樸的人們做到了，而且做得驚天地、泣鬼神。

集中營裡，威森塔爾每天為德國人幹活。這一天，他在休息的時候一個護士向他走來，問他是不是猶太人。當獲得肯定的回答後，護士示意威森塔爾跟她走。他們進了一棟大樓之後，來到一個房間。房間裡有一張白色小床和一張小桌，床上躺著一個人。護士伏在床邊對床上的人嘀咕了幾句，然後就出去了。

威森塔爾看到躺在床上的人是一個傷勢嚴重的德國士兵。看到威森塔爾，床上的士兵讓他靠近，並拉住他的手表示，自己馬上就要死了。士兵說：「我知道這個時候，成千上萬的人都在死去，到處都有死亡。死亡既不罕見也不特別，可是有一些經歷折磨著我，我實在想把它們講出來，否則我死也不得安寧。」原來，這位瀕死的士兵是請那位護士去找一個猶太人來聽自己死亡前的訴說，護士就找到了威森塔爾。

「我叫卡爾……我志願加入了黨衛隊……我必須把一些可怕的事情告訴你……一些非人的事。這是一年前發生的事……」

這個士兵到了波蘭，他執行過這樣一個任務：把幾百個猶太人趕進一個三層樓閣，並運來一卡車油桶搬進屋子。鎖上門之後，一挺機槍對準了房門。「我們被告知一切就緒後接到命令，要我們從窗戶把手榴彈扔進屋去。我們聽到裡邊人的慘叫聲，看到火苗一層一層舔食著他們……我們端起機槍，準備射擊任何從火海裡邊逃出來的人。我看到二樓的窗戶後邊，有一個人抱著一個小孩。這人的衣服正在燃燒，他身邊站著一位婦女，毫無疑問是孩子的母親。他空出的一隻手緊捂著孩子的眼睛……隨即他跳到了街上。緊隨其後，孩子的母親也跳到了街上。隨後，其他窗戶也有很多渾身著火的人跳了出來……我們開始射擊……子彈一排一排打了出去……」

說到這裡，這位瀕死的人用手捂著繃帶覆蓋著的眼睛，似乎想從腦海中抹去這些畫面，「我知道我講的那些事是非常可怕的。在我等待死亡的漫長黑夜裡，我希望把這事講給一個猶太人聽，希望能得到他的寬恕。要是沒有懺悔……我就不能死，我一定得懺悔。但是該怎樣懺悔呢？只講一堆沒有應答的空話……」正如威森塔爾自己所說：「毫無疑問，他是指我的沉默不言。可是我能說什麼呢？」

這是一個瀕死的人，一個不想成為兇手的兇手，一個在可怕的意識形態指導下成為兇手的人。他在向一個猶太人悔罪，而這個傾聽悔罪的人可能明天又會死於和他一樣的兇手之下，所以，威森塔爾保持沉默，自始至終只是充當了一個聽者。

當晚，那個士兵死去了。

「我是否該滿足這個瀕死士兵的心願？」威森塔爾自己也沒有標準答案。回來後，他和三個猶太同伴談起過，他們一致認為威森塔爾做得對。但自此以後，威森塔爾和那個士兵一樣，頭腦裡老是有一幅畫面——那個頭上纏滿繃帶的黨衛隊員。「我已經斷絕了一個臨終的人最後的希望。我在這位瀕死的納粹身邊保持沉默是對還是錯？這是一個非常不好處理的道德問題。這個問題曾經衝擊著我的心靈。」

西元一九七六年，威森塔爾終於把纏繞了自己三十年，仍然沒有得到確切答案的問題訴諸文字，交給了讀者。他在結束寫作時，這樣問道：「親愛的讀者，你剛剛讀完了我生命中這段令人憂傷的悲劇故事，你是否可以將心比心，設身處地從我這個角度問問你自己：『我要是遇到這樣的事情，我會怎麼做？』」

第五章　懂得放棄，有捨才能有得

懂得什麼時候該放棄是人生的一種明智和練達。在人生的旅途中，有很多東西是需要捨棄的，背著包袱趕路的人，要麼步履維艱，要麼就被拋在後面，無法前進。只有放下包袱，才能步履輕盈，早日邁向成功。

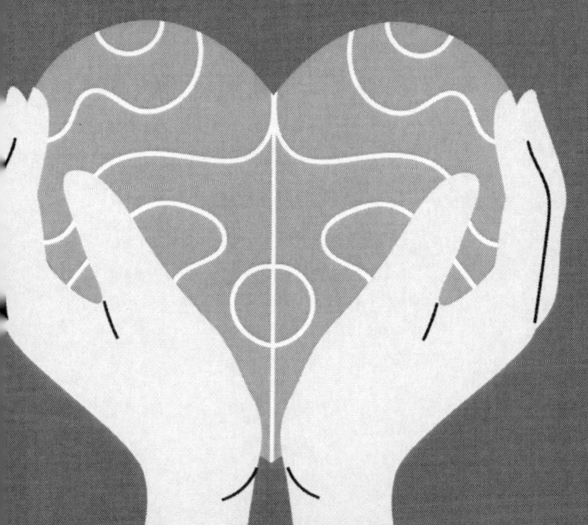

只有放棄才能專注

「君子有所為，有所不為。」去除那些對你是負擔的東西，停止做那些你已覺得無味的事情。只有放棄才能專注，才能全力以赴。

當然，我們並不是反對大家去努力奮鬥，只是說相對於無止境的成就來說，一個人達到個人所能及的成就也就可以了。由於每個人的能力是不一樣，所以就每個人達到何種成就來說又是不同的。

俗話說：「人怕出名豬怕肥。」人一旦出名是要注意自己的安全問題的。與其看著自己奮鬥一生的東西毀於一旦，不如在生活中過一種平穩、安定的日子，這樣的生存也未必就不比大起大落好。這是一種生存哲學，也是一種生存藝術，知足的人往往比其他人過得充實，過得快樂。

有一位房客回到住處後，發現他的房東正在挖屋前的草地。他不相信自己的眼睛似的問：「這些草你要挖掉嗎？它們是那麼漂亮，而你又花了多少心血呀！」

「是的，問題就在這裡。」房東說，「每年春天我要為它施肥、鬆土，夏天又要澆水、剪割，秋天要再播種。這草地一年要花去我幾百個小時。」

房東在原先的草地種上了一些柿子樹，秋天的時候，柿子樹上掛滿了一個個紅彤彤的「小燈籠」，可愛極了。這些柿子樹不需要花什麼精力來管理，使房東可以空出時間做些他真正樂意做的事情。

適時放棄是一種智慧，會讓你更加清醒審視自身內在的潛力和外界的因素，會讓你疲憊的身心得到調整，開始新的追求，成為一個快樂明智的人。有的人不願放棄是因為不能正確認識自己、認識客觀事物或者不能正確審時度勢，放棄不應是心血來潮的隨意之舉，也不是無可奈何的退卻策略，而是對客觀情況的縝密分析，是沉著冷靜、堅強意志的結果和體現，正確的放棄是成功的選擇。

一九七六年，英國探險隊成功登上聖母峰，下山時卻遇上了狂風大雪，如果紮營休息，惡劣天氣很可能導致全軍覆沒，而繼續前行必須放棄隨身的貴重物資和寶貴的資料，還要在食物缺乏、隨時有失去生命危險的情況下前進十天。這時退役軍人萊恩率先丟棄了所有的隨身裝備，並和隊友們忍受著寒冷、飢餓和疲勞，相互鼓勵著不分晝夜行走，只用了八天的時間就到達了安全地帶。這是一個驚心動魄、生死攸關的有關放棄的故事，他告訴我們如何正確對待和選擇

放棄。

人的執著常常被奢望所鼓舞。世間太多美好的事物已成為我們苦苦追求與嚮往，成為活著的一大目的，殊不知我們在不斷擁有的同時，也在不斷失去。為金錢所累，為名利所累，而最終付出的將是健康甚至是生命的代價。

適時的放棄是對生命的呵護。當今社會殘酷的競爭帶來的是沉重的壓力和難言的負荷。人生一世，健康才是最大的財富，錢物也難保性命。人生苦短，那麼以生命為代價的磨損是沉重的，是任何東西都無法彌補的，為將來著想，為長遠考慮，為何不學會適時而放呢？

適時放棄，是一種睿智，是一種豁達，它不盲目，不狹隘。

放下欲望的包袱

有一位禁欲苦行的修道者，準備離開他所住的村莊，到無人居住的山中去隱居修行，他只帶了一塊布當作衣服，就一個人到山中居住了。

後來他想到當他要洗衣服的時候，他需要另外一塊布來替換，於是他就下山到村莊中，向村民們乞討一塊布當作衣服，村民們都知道他是虔誠的修道者，於是毫不猶豫就給了他一塊布，當作換洗用的衣服。

當這位修道者回到山中之後，他發覺在他居住的茅屋裡面有一隻老鼠，常常在他專心打坐的時候來咬他那件準備換洗的衣服，他早就發誓一生遵守不殺生的戒律，因此他不願意去傷害那隻老鼠，但是他又沒有辦法趕走那隻老鼠，所以他回到村莊中，向村民要一隻貓來飼養。

得到了一隻貓之後，他又想到了——「貓要吃什麼呢？我並不想讓貓去吃老鼠，但總不能跟我一樣只吃一些水果與野菜吧！」於是他又向村民要了一頭乳牛，這樣那隻貓就可以靠牛奶維生。

但是，在山中居住了一段時間以後，他發覺每天都要花很多的時間來照顧那頭母牛，於是他又回到村莊中，他找到了一個可憐的流浪漢，於是就帶著這個無家可歸的流浪漢到山中居住，幫他照顧乳牛。

那個流浪漢在山中居住了一段時間之後，他跟修道者抱怨說：「我跟你不一樣，我需要一個太太，我要正常的家庭生活。」

修道者想一想也有道理，他不能強迫別人一定要跟他一樣，過著禁欲苦行的生活……

這個故事就這樣繼續演變下去，你可能也猜到了，到了後來，也許是半年以後，整個村莊都搬到山上去了。

欲望就像是一條鎖鏈，一個牽著一個，永遠都不能滿足。

《百喻經》裡有一個故事：

從前有一隻獼猴，手裡抓了一把豆子，高高興興在路上一蹦一跳走著。一不留神，手中的豆子滾落了一顆在地上，為了這顆掉落的豆子，獼猴馬上將手中其餘的豆子全部放置在路旁，趴在地上，轉來轉去，東尋西找，卻始終不見那一顆豆子的蹤影。

最後獼猴只好用手拍拍身上的灰土，回頭準備拿取原先放置在一旁的豆子，怎知那顆掉落的豆子還沒找到，原先的那一把豆子，卻全都被路旁的雞鴨吃得一顆也不剩了。

年輕時，對於某些事物的追求，如果缺乏理智判斷，而只是一味投入，不也像故事中的獼猴只是顧及掉落的一顆豆子。等到後來，終將發現所損失的，竟是所有的豆子！想想，我們現在的追求，是否也是放棄了手中的一切，僅追求掉落的一顆！

在印度的熱帶叢林裡，人們用一種奇特的狩獵方法捕捉猴子：在一個固定的小木盒裡面，裝上猴子愛吃的堅果，盒子上開一個小口，剛好夠猴子的前爪伸進去，猴子一旦抓住堅果，爪子就抽不出來了。人們常常用這種方法捉到猴子，因為猴子有一種習性：不肯放下已經到手的東西。人們總會嘲笑猴子的愚蠢：為什麼不鬆開爪子放下堅果逃命？但審視一下我們自己，也許就會發現，並不是只有猴子才會犯這樣的錯誤。

因為放不下到手的職務、待遇，有些人整天東奔西跑，耽誤了更遠大的前途；因為放不下誘人的錢財，有人費盡心思，利用各種機會去大撈一把，結果常常作繭自縛；因為放不下對權力的占有欲，有些人熱衷於溜鬚拍馬、行賄受賄，不惜丟掉人格的尊嚴，一旦事情敗露，後悔莫及……讓我們從猴子悲劇中吸取一個教訓，牢牢記住：該鬆手時

就鬆手。

幸福是一種選擇

有的人認為「人生苦短，去日苦多」，不如尋歡作樂，過把癮就死，這就是幸福；有的人認為金錢至上，「有錢能使鬼推磨」，這就是幸福；有的人以「寧可枝頭抱香死，不隨落葉舞西風」的潔身自好、嚴於律己為幸福。幸福到底在哪裡？不同的人有不同的理解，不同的理解有了不同的人生。

會享受人生的人，不會在意擁有多少財富，不會在意住房大小、薪水多少、職位高低，也不會在意成功或失敗，只要會數數就行。「不要計算已經失去的東西，多數數現在還剩下的東西。」這個十分簡單的數數法，就是選擇幸福的一種智慧。

人們一直疲於奔命，尋求其所謂的幸福。其實，幸福原本就在我們的生活不遠處。只是由於人們太在意物質上的富裕，太追求一種形式化的生活了，而將幸福的真諦忽略了。

幸福在哪裡？我在樹木中找到了答案。當秋寒襲來的時候，樹木自知無法抗爭，便抖落了葉片，用一身硬骨迎擊風霜。那是一種暫時的退卻，是一種承受，是一種力的積蓄，一種耐心的等待，一種更有希望的選擇，而絕不是最後的結局。一方面，它抖落的樹葉奉獻給了樹根，「落葉不是無情物，化作春泥更護花」；另一方面，「芳林新葉催陳葉」，只要時機成熟，便使新葉迅速萌發，用全力擁抱春色，為大地增添了一份活力。這就是落葉對根的情意，也是樹木引以為榮的幸福。

幸福在哪裡？我在登山過程中找到了答案。「山中何所有，嶺上多白雲。只可自怡悅，不可持贈君。」那種空靈高峻之美，需得身經親歷。山與你互相等待，它可以讓你一輩子待在平原，也可以讓你體會到杜甫的願望——「會當臨絕頂，一覽眾山小」。登山的最大障礙莫過於翻越自身惰性的屏障，超越自身的極限。當你經過長途跋涉後，站在千萬年來無人企及的高峰上，俯瞰朝霞落日，感受天廣地闊的景象時，你會深深體驗到「地到無邊天作界，山登絕頂我為峰」的幸福。

幸福在哪裡？我在大自然裡、在社會生活裡找到了答案。幸福無所不在，而我們缺少的是發現幸福的眼睛。朝暉夕陰，潮起潮落，能給你帶來遐思邇想；一個淺淺的微笑，一句溫馨的話語，能暖和你冰凍的心。細細品味人生，你會發現，幸福原來並不遙遠。

幸福在哪裡？我在自己的身上找到了答案。余秋雨曾說：「沒有白髮的祖母是令人

遺憾的，沒有皺紋的老者是令人可怕的。還生命以過程，還歷史以真實。」而我想說，還幸福以過程，幸福就是一個過程。

有時只有放棄才能前行

在我們的人生旅途中，時時刻刻都在面臨放棄和被放棄。但你必須明白，並不是所有的探索都能發現鮮為人知的奧祕，並不是所有的跋涉都能抵達勝利的彼岸，並不是每一滴汗水都會有收穫，並不是每一個故事都會有美麗的結局。因此，我們應該學會放棄，明白這點，也許你就會在失敗、迷茫、愁悶、面臨「心苦」時，找到平衡點，找回自己的人生座標。

有個孩子，手伸到一隻裝滿榛果的瓶裡，他盡其所能抓了一大把榛果，當他想把手收回時，手卻被瓶口卡住了。他既不願放棄榛果，又不能把手抽出來，不禁傷心哭了。這時一個旁人告訴他：「只拿一半，讓你的拳頭小些，那麼你的手就可以輕易抽出來了。」

貪婪是大多數人的毛病，有時候只抓住自己想要的東西不放，就會為自己帶來壓力、痛苦、焦慮和不安。往往什麼都不願放棄的人，結果卻什麼也沒有得到。

放棄是一種智慧。儘管你的精力過人，志向遠大，但時間不容許你在一定時間內同時完成許多事情，正所謂：「心有餘而力不足。」就如把眼前的一大堆食物塞進嘴裡，塞得太滿，不僅腸胃消化不了，連嘴巴都要撐破了！所以，在眾多的目標中，我們必須依據現實，有所放棄，有所選擇。

一位精神病醫生有多年的臨床經驗，在他退休後，撰寫了一本醫治心理疾病的專著。這本書足足有一千多頁。書中有各種病情描述和藥物、情緒治療辦法。

有一次，他受邀到一所大學講學，在課堂上，他拿出了這本厚厚的著作，說：「這本書有一千多頁，裡面有治療方法三千多種，藥物一萬多樣，但所有的內容，只有四個字。」

說完，他在黑板上寫下了「如果，下次」。

醫生說，造成自己精神消耗和折磨的全是「如果」這兩個字，「如果我考進了大學」、「如果我當年不放棄她」、「如果我當年能換一項工作」……

醫治方法有數千種，但最終的辦法只有一種，就是把「如果」改成「下

次」，「下次我有機會再去進修」、「下次我不會放棄所愛的人」……

錢鍾書在《圍城》中講過一個十分有趣的故事。天下有兩種人，譬如一串葡萄到手後，一種人挑最好的先吃，另一種人把最好的留在最後吃，但兩種人都感到不快樂。先吃最好的葡萄的人認為他拿的葡萄越來越差。把好的留在最後吃的人認為他吃的每一顆都是葡萄中最壞的。

原因在於，第一種人只有回憶，他常用以前的東西來衡量現在，所以不快樂；第二種人剛好與之相反，同樣不快樂。

為什麼不這樣想，我已經吃到了最好的葡萄，有什麼好後悔的；我留下的葡萄和以前相比，都是最棒的，為什麼要不開心呢？

這其實就是生活態度問題，它決定了一個人的喜怒哀樂。

如果一生不懂得去選擇也不懂得去放棄，那一輩子就永遠也沒有快樂。

漫漫人生路，只有學會放棄，才能輕裝前進，才能不斷有所收穫。一個人倘若將一生的所得都背負在身，那麼縱使他有一副鋼筋鐵骨，也會被壓倒在地。在人生的關鍵時刻，懂得放棄小利益，不為小恩小惠所動，這絕對是一本萬利的。當然，用自己的利益做賭注，即使再小，也不是任何人都願意去做的，這就要求我們要有長遠的眼光，要敢於下注。

在電影《臥虎藏龍》中有這樣的一個場景，男女主角坐在一個涼亭之中，背景是一片翠綠的竹林涼風徐徐吹來，一片與世無爭的怡然自得。之中有一句對白是這樣說：「我的師父常說，把手握緊裡面什麼也沒有，把手放開，你得到的是一切！」

生活並不是一帆風順的，很多時候我們需要學會放手，放手不代表對生活的失職，它也是人生中的契機。然而學會放手要比學會緊握更難得，因為那需要更多的勇氣。

總的來說，放棄是一種睿智，是一種豁達；放棄是金，是一門學問，放棄是對美好事物發展的有一個開始，是新的起點，是錯誤的終結。它不盲目，不狹隘。放棄，對心境是一種寬鬆，對心靈是一種滋潤，它驅散了烏雲，它清掃了心房。有了它，人生才能有爽朗坦然的心境；有了它，生活才會陽光燦爛。

不要留戀眼前，前方的花開得更鮮豔

小溪放棄平坦，是為了回歸大海的豪邁；黃葉放棄樹幹，是為了期待春天的蔥蘢。蠟燭放棄完美的軀體，才能擁有一世光明；心情放棄凡俗的喧囂，才能擁有一片寧靜。

泰戈爾寫道：「只管走過去，不要逗留去採花保存，因為一路上，花朵會繼續開放

的。」

為採集眼前的花朵而花費太多的時間和精力是不值得的，道路正長，前面尚有更多的花朵，懂得放棄，放棄會讓我們擁有更多的美好，擁有更加精彩的人生……

一開始就選擇享受的人和一開始就執著奔波、千錘百煉的人最後的結局是大不相同的，後者可能成了珍品，前者可能成了廢料，就如下面的寓言所闡述的道理一樣。

深山裡有兩塊石頭，第一塊石頭對第二塊石頭說：「去經一經路途的艱險坎坷和世事的磕磕碰碰吧，能夠搏一搏，不枉來此世一遭。」

「不，何苦呢？」第二塊石頭嗤之以鼻，「安坐高處一覽眾山小，周圍花團錦簇，誰會那麼愚蠢在享樂和磨難之間選擇後者，再說那路途的艱險磨難會讓我粉身碎骨的！」

於是，第一塊石頭隨山溪滾湧而下，歷盡了風雨和大自然的磨難，它依然義無反顧執著在自己的路途上奔波。第二塊石頭譏諷笑了，它在高山上享受著安逸和幸福，享受著周圍花草簇擁的暢意舒懷，享受著盤古開天闢地時留下的那些美好的景觀。

許多年以後，飽經風霜，歷盡世塵之千錘百煉的第一塊石頭和它的家族已經成了世間的珍品、石藝的奇葩，被千萬人讚美稱頌，享盡了人間的富貴榮華。第二塊石頭知道後，有些後悔當初，現在它想投入到世間風塵的洗禮中，然後得到像第一塊石頭擁有的成功和高貴，可是一想到要經歷那麼多的坎坷和磨難，甚至瘡痍滿目、傷痕累累，還有粉身碎骨的危險，便又退縮了。

一天，人們為了更好珍存那石藝的奇葩，準備為它修建一座精美別緻、氣勢雄偉的博物館，建造材料全部用石頭。於是，他們來到高山上，把第二塊石頭粉了身、碎了骨，給第一塊石頭蓋起了房子。

第一塊石頭，選擇了艱難坎坷，懂得放棄眼前的享樂，最後它成了珍品，成了石藝的奇葩，只可惜第二塊石頭，落得粉身碎骨的下場。

相反，漢代皇戚齊王劉肥是明智之人。

漢高祖劉邦死後，太子劉盈當了皇帝，呂后成了呂太后。呂太后見劉邦死了，就大肆消滅異己。她把戚夫人的手腳砍掉，挖去雙眼，灌下毒藥，使她變得又聾又啞，然後又把她扔到廁所裡，稱為「人彘」，朝廷的大權都由呂太后一人把持。

劉盈當皇帝的第二年，齊王劉肥來看望他，劉盈聽說哥哥來了，很高興，

就吩咐擺酒招待，並且讓哥哥坐在上頭，自己在下面作陪。呂太后看了很不高興，因為皇帝是至高無上的，怎麼能坐在下面呢？於是，她就叫人斟了兩杯毒酒遞給劉肥，讓他給惠帝祝酒，不想惠帝見齊王起身，也跟著站起來，拿過另一杯酒，準備兄弟兩人乾一杯，呂太后一看很著急，她裝作不小心的樣子，把劉盈手中的酒撞潑了。劉肥看到這種情形，知道呂太后想置他於死地，所以回到住處後很害怕。這時一人獻計說：「太后只有當今皇上和魯元公主一兒一女，自然對他特別寵愛。如今大王您的封地有七十多座城，公主卻只有幾個城。您要是向太后獻出一郡，把它作為公主的領地，太后定會高興，你也就免除危險了。」

劉肥聽後，就照著這位謀士的方法，把自己的封地城陽郡送給了公主，太后果然很高興，就這樣劉肥平安離開了長安。

劉肥以放棄了一座小城的代價，保全了自己的性命，這實在是一種明智的選擇。生活中有苦也有樂、有喜也有悲、有得也有失，擁有一顆達觀、開朗的心，就會使平凡黯淡的生活變得有滋有味，有聲有色。

用「放」的態度看待人生

佛家以大肚能容天下之事為樂事，這便是一種極高的境界。既來之，則安之，便是一種超脫；但這種超脫，又需多年磨練才能養成。

生活中，有時不好的境遇會不期而至，搞得我們猝不及防，這時我們更要學會放棄。放棄焦躁性急的心理，安然等待生活的轉機。

幾十年的人生旅途，會有山山水水，風風雨雨，有所得也必然有所失，只有我們學會了放棄，我們才擁有一份成熟，才會活得更加充實，坦然和輕鬆。

比如大學畢業分手的那一刻，當同窗數載的朋友緊握雙手，互相輕聲說保重的時候，每個人都止不住淚流滿面……放棄一段友誼固然會於心不忍，但是每個人畢竟都有各自的旅程，我們又怎能長相廝守呢？固守一位朋友，只會擋住我們人生旅程的視線，讓我們錯過一些更為美好的人生山水。學會放棄，我們就有可能擁有更為廣闊的友情天空。

放棄一段戀情也是困難的，尤其是放棄一場刻骨銘心的戀情。但是既然那段歲月已悠然遁去，既然那個背影已漸行漸遠，又何必要在一個地點苦苦守望呢？不如冷靜後退一步，學會放棄，一切又會柳暗花明。

用「放」的態度看待人生，你會發現可以把事情看得更清楚。在心靈疲憊的今天，選擇放下是一種明智的做法，只有放下才能讓心靈淨化，才能充分的享受屬於心靈的愉悅。當一個人把位置站高了、眼光放遠之後，自然而然就可以把事情看得更清楚，不會陷在原地繼續打轉。

人之一生，需要我們放棄的東西很多，古人云：魚和熊掌不可兼得。如果不是我們應該擁有的，我們就要學會放棄。

從前有一個國王，他最寵愛的妃子為他生了一位漂亮的公主。國王非常疼愛小公主，視如掌上明珠，從不捨得訓斥半句，凡是公主想要的東西，無論多麼稀罕，國王都會想盡一切辦法弄來。

在國王的驕縱下公主漸漸長大了，她開始懂得裝扮自己了。一個春雨初晴的午後，公主帶著婢女徜徉於宮中花園，只見樹枝上的花朵，經過雨水的潤澤，花瓣上掛著幾滴雨珠，越發的妖豔迷人；蓊鬱的樹木，翠綠得逼人。公主正在欣賞雨後的景致，忽然目光被荷花池中的奇觀吸引住了。原來池水熱氣經過蒸發，正冒出一顆顆狀如琉璃珍珠的水泡，渾圓晶瑩，閃耀奪目。公主完全被這美麗的景致迷住了，突發異想：「如果把這些水泡串成花環，戴在頭髮上，一定美麗極了！」

打定主意後，他便叫婢女把水泡撈上來，但是婢女的手一觸及水泡，水泡便破滅無影。折騰了半天公主在池邊等得憤憤不悅，婢女在池裡撈得心急如焚。公主終於氣憤難忍，一怒之下，便跑回宮中，把國王拉到池畔，對著一池閃閃發光的水泡說：「父王！你一向是最疼愛我的，我要什麼東西，你都依著我。女兒想要把池裡的水泡串成花環，作為裝飾，你說好不好？」

「傻孩子！水泡雖然好看，終究是虛幻不實的東西，怎麼可能做成花環呢？父王另外給你找珍珠水晶，一定比水泡還要美麗！」父王無限憐愛看著女兒。

「不要！不要！我只要水泡花環，我不要什麼珍珠水晶。如果你不給我，我就不想活了。」公主驕縱撒野哭鬧著。

束手無策的國王只好把朝中的大臣們集合於花園，憂心忡忡商議道：

「各位大臣們！你們號稱是本國的奇工巧匠，你們之中如果有人能夠以奇異的技藝，以池中的水泡，為公主編織美麗的花環，我便重重獎賞。」

「報告陛下！水泡觸摸即破，怎麼能夠拿來做花環呢？」大臣們面面相覷，不知如何是好。

「哼！這麼簡單的事，你們都無法辦到，我平日何等善待你們？如果無法滿足我女兒的心願，你們統統提頭來見。」國王盛怒呵斥道。

「國王請息怒，我有辦法替公主做成花環。只是老臣我老眼昏花，實在分不清楚水池中的泡沫，哪一顆比較均勻圓滿，能否請公主親自挑選，交給我來編串。」一位鬚髮斑白的大臣神情篤定打圓場。

公主聽了，興高采烈拿起瓢子，彎起腰身，認真舀取自己中意的水泡。本來光彩閃爍的水泡，經公主輕輕一摸，霎時破滅，變為泡影。撈了老半天，公主一顆水泡也拿不起來，睿智的大臣於是對一臉沮喪的公主說：「水泡本來就是生滅無常，不能常駐久留的東西，如果把人生的希望建立在這種虛假不實、瞬間即逝的現象上，到頭來必然空無所得。」

公主見狀，便不再堅持這個過分的要求了。

故事中的公主似乎有些荒唐偏執，但最終還是醒悟了。但生活中的一些人卻執拗的要命，明知再怎麼努力也不會有所收穫的事，卻偏不放棄，直到耗盡精力、財力才肯甘休。孰不知，明智的放棄才是人生可取的態度。

我們多少次站在人生的岔道口上，無論我們願不願意都要面臨諸多選擇。有選擇就有放棄，趨利避害是人的本能，生活中有許多事情是要我們迎難而上、努力拚搏才能取得最後勝利的。但如果目標不對，一味流汗卻只能意味著偏執，是一種無謂的犧牲。有人說：「我以一生的精力去做一件事，十年，二十年……再笨也會成為某一方面的專家。」但是如果這條路不適合你，自信和執著就變成了自負和執拗，這對自己是沒有任何好處的，浪費了時間和精力，損失了物力和財力，最終也只能落一個白忙活的下場。

付出也是一種快樂

我們如若懂得付出，就永遠有可以付出的資本；我們如若只懂得貪圖索取，那就必須永遠有索取的企求。

付出、給予的核心，也就是愛。給予別人永遠要比向別人索取愉快得多。給予別人永遠要比向別人索取愉快的多。因為我們的付出和給予，為他人造就了幸福和快樂，而這種幸福和快樂又最終會降臨在我們自己的身上。可是你如果不懂得這一道理，而只知一味向別人索取，那生活就會向另一方向發展。

有這樣一則寓言故事：

一位秀才與一位商人死後一起來到地獄，閻王看過功德簿後對他們說：「你們二人前生沒有做什麼壞事，我特許你們來生投胎為人。但現在只有兩種做人的方式讓你們選擇，一種是做付出的人，一種是做索取的人。也就是說，一個人需要過付出、給予的人生，一個人需要過索取、接受的人生。」

秀才心想，前生我的日子過得並不富裕，有時還填不飽肚子，現在准許來生過索取、接受的生活，也就是吃、穿都是現成的，我只坐享其成就行了，那樣不是太舒服了嗎？想到這裡，他搶先說道：「我要做索取的人。」

商人看到秀才選擇了來生過索取、接受的人生，自己只有付出、給予這條人生可供選擇，他還想到自己前生經商賺了一點錢，正好來生就把它們都施捨出去吧。於是，他心甘情願選擇了過付出、給予的生活，做一個付出的人。閻王看他們選擇完了，當下判定二人來生的命運：「秀才甘願過索取、接受的人生，下輩子做乞丐，整天向人索取飯食，接受別人的施捨。商人甘願過付出、給予的人生，下輩子做富豪，行善布施，幫助別人。」

秀才萬萬沒有想到自以為聰明的選擇，卻換來了乞討的人生。

只知一味的索取只會讓人生變得貪得無厭，也會讓人變得空虛、懦弱。而真正有成就的人，是絕對不會允許自己過那種只懂得索取的人生的。因為他們懂得付出的快樂，也懂得付出能讓他們擁有越來越多的可供付出、給予的資本。

不要讓多餘的包袱壓垮你

在人生的旅途中，一個人如果喜歡把自己所遇到的每件東西都背上，身上負重，這樣就會感覺到非常的累，保證不了哪天會因身負如此沉重的東西而停滯不前或倒地不起。在車站，我們看到走得最累的是那些背著大包小包的人。這就告訴我們一個道理：「只有攜帶越少才會越超脫；一個人越是淡泊精神就越自由。」

一個青年背著個大包裹千里迢迢跑來找無際大師，他說：「大師，我是那樣孤獨、痛苦和寂寞，長期的跋涉使我疲倦到極點；我的鞋子破了，荊棘割破雙腳；手也受傷了，流血不止；嗓子因為長久的呼喊而喑啞……為什麼我還不能找到心中的陽光？」

大師問：「你的大包裹裡裝的什麼？」青年說：「它對我可重要了。裡面裝的是我每一次跌倒時的痛苦，每一次受傷後的哭泣，每一次孤寂時的煩惱……靠著它，我才能走到您這兒來。」

於是，無際大師帶青年來到河邊，他們坐船過了河。上岸後，大師說：「你扛了船

趕路吧！」「什麼，扛了船趕路？」青年很驚訝：「它那麼沉，我扛得動嗎？」「是的，孩子，你扛不動它。」大師微微一笑，說：「過河時，船是有用的。但過了河，我們就要放下船趕路，否則，它會變成我們的包袱。痛苦、孤獨、寂寞、災難、眼淚，這些對人生都是有用的，它能使生命得到昇華，但須臾不忘，就成了人生的包袱。放下它吧！孩子，生命不能太負重。」

青年放下包袱，繼續趕路，他發覺自己的步伐輕鬆而愉悅，比以前快得多。

原來，生命是可以不必如此沉重的。能夠放棄是一種跨越，學會適當放棄，你就具備了成功者的素養。

一個人在處世中，拿得起是一種勇氣，放得下是一種肚量。對於人生道路上的鮮花、掌聲，有糊塗智慧的人大都能等閒視之，屢經風雨的人更有自知之明。但對於坎坷與泥濘，能以平常之心視之，就非常不容易。大的挫折與大的災難，能不為之所動，能坦然承受，則是一種胸襟和肚量。

宋朝的呂蒙正，被皇帝任命為副相。第一次上朝時，人群裡突然有人大聲譏諷道：「哈哈，這種模樣的人，也可以人朝為相啊？」可呂蒙正卻像沒有聽見一樣，繼續往前走。然而，跟隨在他身後的幾個官員，卻為他不平來，拉住他的衣角，一定要幫他查出究竟是誰如此大膽，敢在朝堂上譏諷剛上任的宰相。呂蒙正卻推開那幾個官員說：「謝謝你們的好意，我為什麼要知道是誰在背後說那些不中聽的話呢？倘若一旦知道了是誰，那麼一生都會放不下的，以後怎麼安心處理朝中的事？」

呂蒙正之所以能成為大宋的一代名相，其根源正是他有能「放下一切榮辱」的胸襟。

這就是拿得起放得下。正如我們人生路上一樣，大千世界，萬種誘惑，什麼都想要，會累死你，該放就放，你會輕鬆快樂一生。

人生苦短，每個人都會有得意、失意的時候，世上沒有一條直路和平坦的路，又何必癡求事事如意呢？如若煩憂相加、困擾接踵，對身心只能有害無益。

我們應該保持心靜如水、樂觀豁達，讓一切隨風而來，又隨風而去，且須從心底經常及時剔除，心房常常「打掃」，方能保持清新亮堂。正如我們每天打掃一樣，該扔的扔，該留的留。心靈自然會釋然，繼而做到，胸襟開闊，積極向上，在人生之路上走得更瀟灑。

有一首流傳非常廣泛的諺語：「為了得到一根鐵釘，我們失去了一塊馬蹄；為了得到

一塊馬蹄鐵，我們失去了一匹駿馬；為了得到一匹駿馬，我們失去一名騎手；為了得到一名騎手，我們失去了一場戰爭的勝利。」

為了一根鐵釘而輸掉一場戰爭，這正是不懂得及早放棄的惡果。

生活中，有時不好的境遇會不期而至，搞得我們猝不及防，此時我們更要學會放棄。

詩人泰戈爾（Rabindranath Tagore）說過：「當鳥翼繫上了黃金時，就飛不遠了。」放棄是生活時時處處應面對的清醒選擇，學會放棄才能卸下人生的種種包袱，輕裝上陣，安然對待生活的轉機，度過人生的風風雨雨。

智者曰：「兩弊相衡取其輕，兩利相權取其重。」

古人云：「塞翁失馬，焉知非福。」選擇是量力而行的睿智和遠見，放棄是顧全大局的果斷和膽識。

人生如戲，每個人都是自己生命唯一的導演，只有學會選擇和放棄的人才能夠徹悟人生，笑看人生，擁有海闊天空的人生境界。

在許多時候，我們都會討論一個共同而永久的話題：「人的一生該怎樣才能夠讓自己擁有快樂？」從鄉野莽夫到名人聖賢，各個階層、不同經歷的人都會有各自獨特精闢的觀點：「有的人會以捨生取義精忠報國為樂；有的人會以不斷進取來實現自己的理想為樂；也有的人會以不擇手段來滿足一己之欲為樂……」其實一個人要想獲得真正的快樂，只有卸下裝在身上的包袱，只有用心來體驗的快樂才是真正的快樂。

懂得放棄的藝術

在現實生活當中，我們常常因為不懂得放棄所謂的固執、不肯放手，而不得不面對許多無奈的痛苦，其實這些讓我們身陷其中而無法自拔的困境，貌似無法解脫，實際上在我們懂得了放棄的藝術之後，一切都變得豁然開朗了起來。

兩個貧苦的樵夫靠著上山撿柴糊口。有一天在山裡發現兩大包棉花，兩人喜出望外，棉花價格高過柴薪數倍，如果將這兩包棉花賣掉，足可供家人一個月衣食無慮。當下兩人各自背了一包棉花，便欲趕路回家。

走著走著，其中一名樵夫眼尖，看到山路上扔著一大捆布，走近細看，竟是上等的細麻布，足足有十多匹之多。他欣喜之餘，和同伴商量，一同放下背負的棉花，改背麻布回家。

他的同伴卻有不同的看法，認為自己背著棉花已走了一大段路，到了這裡丟下棉花，豈不枉費自己先前的辛苦，堅持不願換麻布。先前發現麻布的樵夫見屢勸同伴不聽，最後只得背起麻布，繼續前行。

又走了一段路後，背麻布的樵夫望見林中閃閃發光，待近前一看，地上竟然散落著數壇黃金，心想這下真的發財了，趕忙邀同伴放下肩頭的麻布及棉花，改用挑柴的扁擔挑黃金。

他同伴仍是那套不願丟下棉花，以免枉費辛苦的論調，甚至還懷疑那些黃金不是真的，勸他不要白費力氣，免得到頭來一場空歡喜。

發現黃金的樵夫只好自己挑了兩壇黃金，和背棉花的夥伴趕路回家。走到山下時，無緣無故下了一場大雨，兩人在空曠處被淋了個溼透。更不幸的是，背棉花的樵夫背上的大包棉花，吸飽了雨水，重得完全無法再背得動，那樵夫不得已，只能丟下一路辛苦捨不得放棄的棉花，空著手和挑金的同伴回家去了。

人的能力終究是有限的，每個人都有自己做不到的事。相信自己做不到的事，就是做不到，坦然處之，不會覺得自己低人一等，更不會影響自信心，這就是對自己能力不足的信任。做自己能做的事情是一種勇氣，放棄自己做不到的事情是一種智慧。

一隻鷸伸著長長的嘴巴在湖邊悠閒行走著，突然它眼睛一亮，發現前面有一隻肥肥的蚌正張開蚌殼在晒太陽，那肥而嫩的蚌肉在陽光的照耀下十分誘人，於是鷸就不顧一切衝上前去，用長嘴一下就啄住了蚌肉。然而，蚌也不是省油的燈，只見它忍住疼痛，猛地將蚌殼收緊，把鷸那長長的嘴死死夾住，就這樣，它們誰也不讓誰，拚著性命僵持在一起。這時，一個老漁翁剛好從這裡經過，說了聲：「下酒菜有了。」輕鬆將鷸和蚌收入囊中，揚長而去。

這是有名的「鷸蚌相爭，漁翁得利」的成語故事。

在這個故事中，我們很容易得知：鷸和蚌之所以成了漁翁的下酒菜，就是因為它們過於執著，它們的思維已成定式，誰都捨不得放棄而造成的。

人亦如此，有時較之物類更是固執。執著於名與利，執著於一份痛苦的愛，執著於幻美的夢，執著於空想的追求。數年光華逝去，才嗟嘆人生的元為與空虛。適當的放棄何嘗不是一種正確的選擇。

人非聖賢，孰能無過？出現失誤與過錯在所難免，一時的失誤與過錯不能代表我們將來也會出現失誤與過錯，不能也不會依此來評價我們的將來和一生，大可不必記在心裡，負罪內疚。否則，只會束縛我們的手腳，禁錮我們的思想，影響我們的工作積極

性、主動性和創造性而碌碌無為。這種失誤與過錯，我們更要捨得放棄。

最大的無聊是為了無聊而費盡辛苦。歷史上曾有許多人熱衷於永動機的製造，有的甚至耗盡了畢生的精力，卻無一成功。達文西（Leonardo da Vinci）也曾是狂熱的追求者之一，然而一經實驗他便斷然放棄，並得出了永動機是根本不可能存在的結論，他認為那樣的追求是種愚蠢的行為，追求「鏡花水月」的虛無，最後只能落得一場空。

如果一個人執意於追逐與獲得，執意於曾經擁有就不能失去，那麼就很難走出患得患失的盲點，必將會為達到目的而不擇手段，甚至走向極端。為物所累，將成為一生的羈絆。「執著就能成功」或許曾經是無數人的勵志名言。不錯，在歲月的滄桑中背負著這份執著，有過成功也有過失敗，儘管筋疲力盡，傷痕累累卻不曾放棄。直到歲月在艱難中躑躅而行，蹉跎而逝，才驀然發現現實的殘酷不允許我們有太多奢望，所謂的執著也不過是碰壁之後一份愚蠢的堅持。於是，我們開始反思，一個人注定不可能在太多領域有所建樹，要學以致用，要根據自己的實際，不能不顧外界因素和自身的條件而頭腦發熱，草率行事，要清楚追求的目的是什麼？為了心中那座最高的山，痛定思痛後我們依然要選擇適時放棄，放棄那些能力以外、精力不及的空想，放棄那些不切實際的目標，在惋惜之餘得到最大的解脫，同時發現幼稚的激情已被成熟和穩健所代替，生命因之日漸豐腴起來，誰說這樣的放棄不是一種明智？

凡此種種，都需要我們捨得放棄，把過去的成績與失誤統統忘掉，並迅速轉入新的生活，並在工作中重新激發創業的激情與壯志，重塑創新精神，提高創造能力，為自己明天事業的興旺發達增磚添瓦。

「捨得」是一種生活的哲學

「捨得」既是一種生活的哲學，更是一種做人的智慧。捨與得就如水與火、天與地、陰與陽一樣，是對立統一的矛盾概念，相輔相成，存於天地，存於人生，存於心間，存於微妙的細節，囊括了萬物運行的所有機理。萬事萬物均在捨得之間，達到和諧，達到統一。要得便須捨，有捨才有得。

也許在捨去的當時是痛苦的，甚至是無奈的選擇。但是，若干年後，當我們回首那段往事時，我們會為當時正確的選擇感到自豪，感到無愧於社會、無愧於人生。

英國著名詩人濟慈（John Keats）本來是學醫的，後來發現了自己有寫詩的才能，就當機立斷，放棄了醫學，把整個生命投入到詩歌中。他雖然只活了二十幾歲，但他為人類留下了許多不朽的詩篇。馬克思（Karl Marx）年輕時曾想做個詩人，也曾經努力寫過一些詩（後來他自稱是胡鬧的東西），但他很快就發現自己的優點和興趣並不在這

裡，便毅然放棄做詩人的夢想，轉到社會科學上面去了。

伽利略是被迫去學醫的。當他被迫學習解剖學和生理學的時候，他同時學習歐幾里德幾何學和阿基米德數學。偷偷研究複雜的數學問題，當他從比薩教堂的鐘擺發現鐘擺原理的時候才十八歲。

羅大佑的《童年》、《戀曲一九九〇》等經典歌曲影響和感動了一代人。羅大佑起初是學醫的，後來他發覺自己對音樂情有獨鍾，所以他棄醫從樂，他的選擇是對的。

捨得，並不意味著失去，因為只有捨得才會有另一種獲得。要想採一束清新的山花，就得捨去城市的舒適；要想做一名登山客，就得捨去嬌嫩白淨的膚色；要想穿越沙漠，就得捨去咖啡和可樂；要想有永遠的掌聲，就得捨去眼前的虛榮。

有這樣一個寓言故事：

一個智者帶著一個年輕人打開了一個神祕的倉庫。這倉庫裡裝滿了放射著奇光異彩的寶貝。仔細看，每個寶貝上都刻著清晰可辨的字紋，分別是：驕傲、正直、快樂、愛情……

這些寶貝都是那麼漂亮，那麼迷人，年輕人見一件，愛一件，抓起來就往口袋裡裝。

可是，在回家的路上，他才發現，裝滿寶貝的口袋是那麼的沉。沒走多遠，便覺得氣喘吁吁，兩腿發軟，腳步再也無法挪動。

智者說：「孩子，我看還是丟掉一些寶貝吧，後面的路還長著呢！」

年輕人戀戀不捨在口袋裡翻來翻去，不得不咬牙丟掉兩件寶貝。但是，寶貝還是太多，口袋還是太沉，年輕人不得不一次又一次停下來，一次又一次咬著牙丟掉一兩件寶貝。「痛苦」丟掉了，「驕傲」丟掉了，「煩惱」丟掉了……口袋的重量雖然減輕了不少，但年輕人還是感到它很沉，很沉，雙腿依然像灌了鉛一樣重。

「孩子，」智者又一次勸道，「你再翻一翻口袋，看還可以丟掉些什麼。」

年輕人終於把沉重的「名」和「利」也翻出來丟掉了，口袋裡只剩下「謙虛」、「正直」、「快樂」、「愛情」……一下子，他感到說不出的輕鬆和快樂。

但是，他們走到離家只有一百公尺的地方，年輕人又一次感到了疲憊，前所未有的疲憊，他真的再也走不動了。

「孩子，你看還有什麼可以丟掉的，現在離家只有一百公尺了。回到家，等恢復體力還可以回來取。」

年輕人想了想，拿出「愛情」看了又看，戀戀不捨放在了路邊。

他終於走回了家。

可是他並沒有想像中的那樣高興，他在想著那個讓他戀戀不捨的「愛情」。智者過來對他說：「愛情雖然可以給你帶來幸福和快樂。但是，它有時也會成為你的負擔。等你恢復了體力還可以把它取回，對嗎？」

第二天，他恢復了體力，按著昨天的路拿回了「愛情」。他真是高興極了，他歡呼，他雀躍。他感到無比的幸福和快樂。這時，智者走過來觸摸著他的頭，舒了一口氣：「啊，我的孩子，你終於學會了放棄！」

不懂得放棄的人，在生活中總將兩眼盯在眼前的標竿上，一生就像北方臘月的濃霧，模糊不辨方向。就只管一路向前走，不思考，不回頭，越走路越窄，最後不知不覺鑽進了牛角尖。然後便一味自怨自哀，自暴自棄，於是青春美麗的容顏與悠悠歲月擦肩而過，恰如風過竹面，雁過長空，就像蘇東坡的一生長嘆：事如春夢了無痕。

捨不得放棄的心緒，像一莖寂寞的蘆葦，獨立在夜風中守望，把自己幻成一季秋色，再從煙黃的舊頁中握住一把蒼涼……

捨得，是一種精髓；捨得，是一種領悟；捨得，更是一種智慧，一種人生的境界。

愛已遠去，不必強留

一個捲入婚戀多年的女子，遲遲不能走出這個其實對她來說已經是苦遠多於甜的關係。她說：「我忘不了那些他曾經給過我的浪漫、深刻的愛的感覺。」

另一個女人的男朋友感情出軌多次，儘管痛苦她卻始終不願分手，她說：「和他在一起這麼多年了，要分手？我不甘心！」

當愛遠走，放棄和放手都是最好的選擇。因為無法忘卻曾經有過的美好，無法相信現實，而讓更多的痛苦壓在自己的肩上、心上；讓自己和對方一起痛苦，究竟是否懲罰了對方也許還是未知數，但是自己絕對是被懲罰最重的一個。因為你剝奪了自己重新享受快樂和幸福的權利。

放手，讓愛的人走，並不是一件容易的事。但是，這卻是唯一的良藥。否則，我們就會處在無止盡的痛苦、氣憤和沮喪之中。

所謂放棄和放手的藝術，並不單只在愛情消逝的時候適用。當愛情還在的時候，就懂得放手的道理，往往是更積極的治本方法。

從小到大，在每一段關係裡，我們都是在尋找著一方面與人連結、一方面與自己連結的雙向路線。然而儘管再親密，我們也需要擁有自己的空間。親子關係、家人關係、

朋友關係都如此，愛情關係當然也不例外。如果失去了這樣的空間，我們很快就會覺得被束縛，覺得窒息，覺得痛苦。

因此，當愛還在的時候，懂得適當放手，給愛一個空間，就是一件很重要的事情。如果我們在愛時要求雙方黏在一起，往往是因為安全感、因為嫉妒、因為要把自己生命的責任和重量交在對方身上，而不是因為愛。

放手，給愛以空間，就像紀伯倫（Jubran Khalil Jubran）在《先知》中所說的：「在你們的密切結合之中保留些空間吧，好讓天堂的風在你們之間舞蹈。彼此相愛，卻不要使愛成為枷鎖，讓它就像在你們倆靈魂之間自由流動的海水。」

全身進退，是指人不論在什麼情況下，都能在付出的時候全心全意投入進去，在離開的時候毫無牽掛抽身而去。古人都知道「吾不能學太上之忘情」，在真正的生活中，這種全身進退的理想狀態，不知道有幾個人能做得到。

現實是，我們往往在付出的時候不夠徹底，總是有諸多顧慮：擔心別人的看法、擔心自己的眼光、擔心現實裡的矛盾，甚至擔心一個無足輕重的細節的完美度。時間一分一秒過去了，百分之百的熱情似乎總沒有像內心期待的那樣出現過，它們都被消耗在了各種各樣的顧慮裡。

愛已遠去，不必強留

我們也往往在離開的時候，不能夠瀟灑掉頭就走，而是一顧三嘆，餘情未了，在決定離開的第一秒鐘裡就開始痛恨或後悔。甚至是在以為自己早已全身而退的時候，卻在一個似曾相識的地方和時刻不可阻擋想起那個人、那件事，而後覺得像被殺傷性武器擊中，痛心得淚流滿面，心碎難當。

有人說愛的反面其實不是恨，而是淡漠。這真是一句真理。愛一個人的時候，情感都是激昂的。他關心你，你便想以十倍百倍的愛去關心他；他擁抱你，你便想以更多更有力的擁抱去回應他；哪怕是他犯了什麼錯有了什麼失誤，讓你對他恨得牙癢癢時，你也會想用盡全力狠狠揍他、掐他、打他，反正無論如何，都絕不會無動於衷。

除非是愛到殫精竭慮，愛到心灰意冷，愛到徹底絕望，心中已經不再有燦爛的火花，甚至連那些燃燒過後的草木灰的溫度也沒有。這種時候，想不淡漠都難。從此對你形同陌路，對你的一切也不再有任何的回應。沒有餘恨，沒有深情，更沒有心思和氣力再做哪怕多一點的糾纏，所有剩下的，都只是無謂。有一天當你發現對於過去的一切都不再在乎，它們對你都變得無所謂的時候，愛肯定也就消失了。

人生的過程就是得失的過程

人的一生，有得有失，有盈有虧。整個人生就是一個不斷的得而復失、失而復得的過程。

在一生中，我們將逐漸失去年輕，失去健康，失去少年的輕狂，失去可以掌握一切的氣勢，失去做夢的勇氣。其實，也在失去做夢的資本。隨著年齡的增大，我們還要面臨失去工作、失去身邊的朋友、熟人，到最後，我們要失去整個世界，步入天堂。因此，我們一定要學會接受「失去」。

人的一生不可能永久擁有什麼，一個人獲得生命後，先是童年，接著是青年、壯年、老年。然而這一切又都在不斷失去，在你得到什麼的同時，你其實也在失去。所以說人生獲得的本身也是一種失去。人生在世，有得有失，有盈有虧。你得到了名人的聲譽或高貴的權力，同時就失去了做普通人的自由；你得到了巨額財產，同時就失去了淡泊清貧的歡愉；你得到了事業成功的滿足，同時就失去了眼前奮鬥的目標。我們在得到的過程中也確實不同程度經歷了失去。

俄國詩人普希金（Aleksandr Sergeyevich Pushkin）在一首詩中寫道：

「一切都是暫時，一切都會消逝，讓失去的變為可愛。」瑪麗．居禮的一次「幸運失去」就是最好的說明。

西元一八八三年，天真爛漫的瑪麗．居禮中學畢業後，因家境貧寒無錢去巴黎上大學，只好到一個鄉紳家裡去當家庭教師。她與鄉紳的大兒子凱西密爾相愛，在他倆計畫結婚時，卻遭到凱西密爾父母的反對。這兩位老人深知瑪麗生性聰明，品德端正，但是，貧窮的女教師怎麼能與自己家庭的錢財和身分相匹配？父親大發雷霆，母親幾乎暈了過去，凱西密爾屈從了父母的意志。

失戀的痛苦折磨著瑪麗，她曾有過「向塵世告別」的念頭。瑪麗畢竟不是平凡的女人，她除了個人的愛戀，還愛科學和自己的親人。於是，她放下情緣，刻苦自學，並幫助當地貧苦農民的孩子學習。幾年後，她又與凱西密爾進行了最後一次談話，凱西密爾還是那樣優柔寡斷，她終於砍斷了這根愛戀的繩索，去巴黎求學。這一次「幸運的失戀」，就是一次失去。如果沒有這次失去，她的歷史將會是另一種寫法，世界上就會少了一位偉大的女科學家。

學會習慣於「失去」，往往能從「失去」中「獲得」。得其精髓者，人生則少有挫折，多有收穫；人會從幼稚走向成熟，從貪婪走向博大。

對善於享受愉悅心情的人來說，人生的藝術只在於進退適時，取捨得當，因為生活本身即是一種悖論：一方面，它讓我們依戀生活的饋贈；另一方面，又注定要我們對這些禮物最終的棄絕。

執著對待生活，緊緊掌握生活，但又不能抓得過死，鬆不開手。人生這枚硬幣，其反面正是那悖論的另一要旨：我們必須接受「失去」，學會怎樣鬆開手。

但這種教誨是不會被輕易接受的，尤其當我們正年輕的時候，滿以為這個世界將會聽從我們的使喚，滿以為我們用全身心的投入所追求的事業都一定會成功。而生活的現實仍是按部就班走到我們的面前，於是，這第二條真理雖是緩慢的，但也是確鑿無疑顯現出來。

我們在經受「失去」中逐漸成長，在「失去」中經過人生的每一個階段，我們只是在失去娘胎的保護才來到這個世界上，開始獨立的生活；而後又要進入一系列的學校學習，離開父母和充滿童年回憶的家庭；結了婚，有了孩子，等孩子長大了，又只能看著他們遠走高飛。我們要面臨雙親的謝世和配偶的亡故；面對自己精力逐漸衰退；最後，我們必須面對不可避免的自身死亡，我們過去的一切生活，生活中的一切夢都將化為烏有！

人生的過程就是得失的過程

但是，我們為何要臣服於這種自相矛盾的要求呢？明知不能將美好永久保持，可我們為何還要去造就美好的事物？我們知道自己所愛的人早已不可企及，可為何還要使自己的心充滿愛戀？

人生絕不僅僅是一種作為生物的存活，它是一些莫測的變幻，也是一股不息的奔流。父母因為我們而生存下來，我們也為了自己的孩子而生存下去。我們建造的東西將會留存久遠，我們所造就的美，並不會隨我們的湮沒而泯滅。我們的雙手會枯萎，我們的肉體會消亡，然而我們所創造的真、善、美則將與時俱在，永存而不朽。

第六章　寵辱不驚，平常心很重要

人生本就有榮辱相隨，名利是非也在所難免。倘若處處留心，時時在意，那就會活得很累，生活對於我們來說也就不會坦然，永遠都沒有歡笑。所以，擁有一顆平常心，讓一切順其自然，是人生必不可少的潤滑劑。

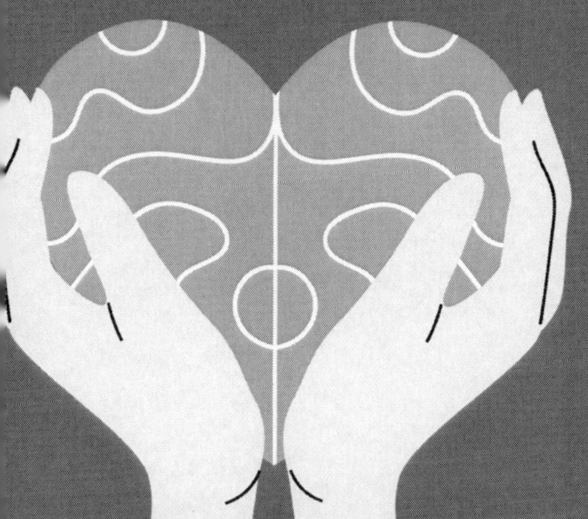

學會做金錢的主人

人生在世，沒有錢雖然寸步難行，但錢絕對不是萬能的。因為，它只可以滿足一定的物質欲望，而不能帶來真正的快樂。只有學會做它的主人，做到知足常樂，才能創造快樂。

俗話說：「人為財死，鳥為食亡。」錢財確實給人帶來了不少快樂，也給人帶來不少煩惱。記得有首歌的歌詞是：「錢啊！大姑娘為你走錯了路，小夥子為你累彎了腰，錢啊！你是殺人不見血的刀。」

對於有些人來說，把錢財看得太重，自己無錢財時眼紅別人，不擇手段千方百計的得到錢財，自己有錢財時又非常吝嗇，親兄弟之間甚至於對父母也是分毫必爭，對這些人來說錢財不僅是煩惱，而且能使其喪命。當然不會給他們帶來快樂。

有一個有錢人，每天早上經過一個豆腐坊時，都能聽到屋裡傳出愉快的歌聲。這天，他忍不住走進豆腐坊，看到一對小夫妻正在辛勤工作。富人惻隱之心大發，說：「你們這樣辛苦，只能唱歌消煩，我願意幫助你們，讓你們過上真正快樂的生活。」說完，放下了一大筆錢，送給小夫妻。這天夜裡，富人躺在床上想：「這對小夫妻不用再辛辛苦苦做豆腐了，他們的歌聲會更響亮的。」

第二天一早，富人又經過豆腐坊，卻沒有聽到小夫妻倆的歌聲。他想，他們可能激動得一夜沒睡好，今天要睡懶覺了。但第二天、第三天，還是沒有歌聲。富人感到非常奇怪。就在這時，那做豆腐的男主人出來了，拿著那些錢，一見富人便急忙說道：「先生，我正要去找你，還你的錢。」富人問：「為什麼？」年輕的豆腐師傅說：「沒有這些錢時，我們每天做豆腐賣，雖然辛苦，但心裡非常踏實。自從拿了這一大筆錢，我和妻子反而不知如何是好了——我們還要做豆腐嗎？不做豆腐，那我們的快樂在哪裡呢？如果還做豆腐，我們就能養活自己，要這麼多錢做什麼呢？放在屋裡，又怕它丟了；做大買賣，我們又沒有那個能力和興趣。所以還是還給你吧！」富人非常不理解，但還是收回了錢。之後，當他再次經過豆腐坊時，聽到裡面又傳出了小夫妻倆的歌聲。

也許這個故事並不符合現在許多人的思想。他們會說，錢多還不好嗎？沒聽說過錢多會咬手的——但事實是，「錢多」的確會「咬你的手」。就像故事中的小夫妻一樣，就是因為「錢多」，所以思慮也多——又想多擁有錢，又擔心別人謀算他的錢，竟連個踏實覺也睡不成。

擁有更多的財富，是許許多多人的奮鬥目標。財富的多寡，也成為衡量一個人才幹和價值的尺度。當一個人被列入世界財富榜時，會引起多少人的豔羨。但對於個人來說，過多的財富是沒有多少用的，除非你是為了社會在創造財富，並把多餘的財富貢獻給了社會。

英國思想家培根（Francis Bacon）曾說過：「對於財富，我充其量只能把它叫做美德的累贅……財富之於美德，猶如輜重之於軍隊。輜重不可無，也不可留在後面，但它卻妨礙行軍。不僅如此，有時還因顧慮輜重，而丟掉勝利或妨礙勝利。」他還指出：「巨大的財富若不分發出去，也就沒有真正的用處。」

「不要追求顯赫的財富，而應追求你可以合法獲得的財富，清醒使用財富，愉快施與財富，心懷滿足離開財富。」

所羅門（Solomon），古代以色列國王，以智慧著稱。他告誡人們：不可急於聚斂財富，凡是匆忙發財的，必難以清白。

透過正當的手段和誠實的勞動所獲得的財富，是步伐緩慢的。當財富是來自魔鬼的時候（比如說是透過欺詐、壓迫以及其他不正當的手段），財富是來得迅速的。

現在不少人急於發大財，甚至不惜鋌而走險，以身試法，如製假販假，盜版走私，做毒品生意，甚至殺人越貨。他們完全成了金錢的奴隸，財富對他們如同絞索，他們越是貪求，絞索就勒得越緊。一個貪官說，他每當聽到街上警車鳴笛，就生怕是來抓他的，惶惶不可終日。這樣的不義之財再多，又有什麼「樂趣」呢？我們並不是一概排斥財富，我們厭惡和蔑視的是對個人財富的過分貪求，是以不正當手段聚斂財富。

「人為財死，鳥為食亡」，看來這話只有一半是正確的，動物無信仰，無操守，為食而亡，不計利害。人則不同，唯財是貪，此種人獸性沒有脫盡；君子愛財，取之有道，不義之財不取。

少些欲望就少些痛苦

欲望越多，痛苦也越多。人心不足蛇吞象，想想蛇吞象的樣子，會是一種什麼感受——咽不進，吐不出，要多彆扭有多彆扭。什麼都想要，最後可能什麼也得不到，反而一輩子將自身置於忙忙碌碌、勾心鬥角之中。這樣活著，未免太累！《論語》裡說顏回「一簞食，一瓢飲，在陋巷，人不堪其憂，回也不改其樂。」如果少一些欲望，是不是也會少一些痛苦呢？

有一對即將結婚的未婚夫妻，大喊大叫、相互擁抱，因為他們中了一張「高額彩券」，獎金是七萬五千美金。

可是，這對馬上要結婚的新人，在中獎後隔天，就為了「誰該擁有這筆

意外之財」而鬧翻了；兩人大吵一架，並不惜撕破臉、鬧上法庭。為什麼呢？因為這張彩券當時是握在未婚妻的手中，但是未婚夫則氣憤告訴法官：「那張彩券是我買的，後來她把彩券放入她的皮包內，但我也沒說什麼，因為她是我的未婚妻嘛！可是，她竟然這麼無恥、不要臉，居然敢說彩券是她的、是她買的！」

這對未婚夫妻在公堂上大聲吵鬧，各說各話，絲毫不妥協、不讓步，所以也讓法官傷透腦筋。最後，法官判決，在尚未確定「誰是誰非」之時，發行彩券單位暫時不准發出這筆獎金！而兩位原本馬上要結婚的佳偶，因爭奪獎券的歸屬而變成怨偶，雙方也決定取消婚約。

有人說：「結婚，經常不是為了錢；離婚，卻是經常為了錢！」

的確，人的私心、貪婪、嫉妒，常使人跌倒，重重跌在自己「惡念」的禍害裡。

這世間，美好的東西實在是多得數不過來，我們總希望得到的要多；讓好東西為自己所擁有。

擁有時加倍珍惜，失去了，就當是接受生命的考驗，擁有誠實就會丟棄虛偽，擁有充實就會丟棄無聊，擁有踏實就會丟棄虛浮。

無論是有意放棄，還是無意丟棄，只要曾經擁有，在一些時候，大度的捨棄不也是一種高尚嗎？

在不經意中失去的，你還可以重新去爭取；丟掉了愛，你還可以在春天裡尋覓；丟掉了意志，你要在冬天裡重新磨礪。

欲望太多，成了累贅。還有什麼比擁有淡泊的心胸讓自己更充實更滿足的嗎？

不要為名利金錢所累

人世間，總是交織著眾多的名名利利，是是非非，攪得身陷其中的我們，整日為名利是非所累，為金錢得失所煩。殊不知，所謂的名利是非，金錢得失均不過是人生浮雲，轉眼即逝。

從前有一個漁翁在夢中見到了上帝。

上帝問道：「你想和我交談嗎？」

漁翁說：「我很想和你交談，但不知道你是否有時間？」

上帝笑道：「我的時間是永恆的。你有什麼問題嗎？」

漁翁說：「你覺得人類最煩惱的是什麼？」

上帝答道：「他們為名利而活，又為名利而煩。」

「他們犧牲自己的健康來換取金錢，然後又犧牲金錢來恢復健康。他們對未來充滿憂慮，但卻忘記了現在；於是，他們既不生活於現在之中，也不生活於未來之中。他們活著的時候好像從不會死去，但是死去以後又好像從未活過……」

上帝握住漁翁的手，他們沉默了片刻。

漁翁問道：「作為神，你有什麼事情想要告訴現在的人？」

上帝笑著回答道：「金錢名利乃身外之物，要想活得輕鬆，就別將名利計心頭。

他們應該知道，一生中最有價值的不是擁有什麼東西，而是擁有健康的心態。

他們應該知道，與他人比較是不好的。

他們應該知道，富有的人並不擁有最多，而是需要最少。

他們應該知道，要在所愛的人身上造成創傷只要幾秒鐘，但是治療創傷則要花幾年的時間，甚至更長。

他們應該知道，有些人在深深愛著他們，但卻不知道如何表達自己的感情。

他們應該知道，金錢可以買到任何東西，但卻買不到幸福。

他們應該知道，兩個人看同一件事物，會看出不同的東西。

他們應該知道，得到別人寬恕是不夠的，他們也應當寬恕自己。

他們應該知道，我始終存在。」

造物主在把那麼多美德賦予了人類的同時，也把名利、是非、金錢得失同時嵌入了人的身體。於是這些固有的心病便成了桎梏與羈絆，成了懸崖與深淵，它們將許許多多的人擋在了幸福的大門之外。

雖然世人都知道名利只是身外之物，但是卻很少有人能夠躲過名利的陷阱，一生都在為名利所勞累、甚至為名利而生存。一個人如果不能淡泊名利，就無法保持心靈的純真。終生猶如夸父追日般看著光芒四射的朝陽，卻永遠追尋不到，到頭來只能得到疲累與無盡的挫折。其實靜心觀察這個物質世界，即使不去刻意追趕，陽光也仍舊會照耀在我們身上。

愛因斯坦（Albert Einstein）說，除了科學之外，沒有哪一件事物可以使他過分喜愛，而且他也不過分討厭哪一件事物。據說在一次航海旅行中，船長為了優待愛因斯坦，特意讓出全船最豪華的房間等候他，愛因斯坦竟然拒絕了。他表示自己與他人並無差異，所以不願意接受這種特別優待。這種虛懷若谷、坦然率真的人品，成為許多人誠心敬佩的對象。

居禮夫婦在發現鐳之後，世界各地紛紛來信希望了解提煉的方法。居禮先生說：「我們必須在兩種決定中選擇一種。一種是毫無保留的說明我們的研究成果，包括提煉方法在內。」瑪麗．居禮作了一個贊成的手勢說：「是，當然如此。」居禮先生繼續說：「第二個選擇是我們以鐳的所有者和發明者自居，但是我們必須先取得提煉鈾瀝青礦技術的專利執照，並且確定我們在世界各地造鐳業上應有的權利。」取得專利代表著他們能因此獲得巨額的金錢、舒適的生活，還可以傳給子女一大筆遺產。但是瑪麗．居禮聽後卻堅定說：「我們不能這麼做。如果這樣做，就違背了我們原來從事科學研究的初衷。」她輕而易舉放棄了這唾手可得的名利，如此淡泊名利的人生態度，使人們都能感受到她不平凡的氣度。瑪麗．居禮一生獲得各種獎章十六枚，各種榮譽頭銜一百一十七個，自己卻絲毫不以為意。

有一天，她的一位女性朋友來她家做客，忽然看見她的小女兒正在玩弄英國皇家學會剛剛獎給她的一枚金質獎章，不禁大吃一驚，連忙問她：「夫人，那枚獎章是你極高的榮譽，你怎麼能給孩子拿去玩呢？」瑪麗．居禮笑了笑說：「我是想讓孩子從小就知道，榮譽就像玩具一樣，只能玩玩而已，絕不能永遠守著它，否則就將一事無成。」

兩位科學大師的非凡氣度為拚命追求名利的世人留下了一面明亮的鏡子。一個人如果擁有一顆純真的心靈，在自己應該做的事情之中盡了全力，他的成就自然而然就會顯現出來，他理所當然的可以得到應該得到的人世間的榮耀。

欲望太多反成累贅

《湖濱散記》的作者梭羅（Henry David Thoreau），為了要寫一本書，而去森林中度過兩年隱士生活。自己種豆和玉米為食，擺脫了一切剝奪他時間的瑣事俗務，專心致志，去體驗林間湖上的景色和他心靈所產生的共鳴。從中發現許多道理，而完成了這本名著。

一個人的精力有限，時間有限，在有生之年，把握住自己真正的志趣與才能所在，專一做下去，才可能有所成就。

不但要有魄力，而且要有判斷力，擺脫其他外務的干擾和誘惑，不為一切名利權位等虛榮而中途改道。這樣，才能促成一個人事業的輝煌。

每個人都有失望和不滿的時候，不是你的希望沒有實現，就是他的欲望沒有滿足。每當這時，我們不是怨天尤人，便是破罐子破摔，卻很少細想：我們為什麼一定要有不滿和失望？活著，我們不要祈求太多。

上蒼賦予了我們生命、親友以及思想和財物等等，上蒼待我們何厚？使我們擁有了這麼多，又占據了這麼多。可是我們卻從來也沒有滿足過，依然在祈求著上蒼為我們降下更多的甘霖。

然而，生活不可能也不會按照我們的需求來供應我們，於是，我們便失望了，我們便不滿了。

世界對於每一個活生生的人來說，都是公平無二的。有耕耘才有收穫，有奮鬥才有成功，有付出才有得到。你想花一分的代價去換回十分的成果，那是永遠也不可能的。所以，我們永遠都不應該祈求這世界平白無故就給我們太多。

生命在於奮鬥，人生在於積累。不要祈求，只有一點點就已經足夠了。每天一點點，每月一點點，每年一點點，幾年下來，我們就已經得到了很多很多，那麼一輩子下來，我們不就已經變成了一個擁有整個世界的大富翁！

金錢不等於地位

有位富翁十分有錢，但卻受不到旁人的尊重，他為此苦惱不已，每日尋思如何才能得到大家的敬仰。

某天在街上散步時，他看到街邊一個衣衫襤褸的乞丐，心想機會來了，便在乞丐的破碗中丟下一枚亮晶晶的金幣。

誰知乞丐頭也不抬，仍是忙著捉蝨子，富翁不由生氣：「你眼睛瞎了？沒看到我給你的是金幣嗎？」

乞丐仍是不看他一眼，答道：「給不給是你的事，不高興可以拿回去。」

富翁被激怒，又丟了十個金幣在乞丐的碗中，心想他這次一定會趴著向自己道謝，卻不料乞丐仍是不理不睬。

富翁幾乎要跳了起來：「我給了你十個金幣，你看清楚，我是有錢人，好

歹你也尊重我一下，道個謝你都不會。」

乞丐懶洋洋回答：「有錢是你的事，尊不尊重你則是我的事，這是強求不來的。」

富翁急了：「那麼，我將我的財產的一半送給你，能不能請你尊重我呢？」

乞丐翻眼看著他：「給我一半財產，那我不是和你一樣有錢了嗎？為什麼要我尊重你？」

富翁更急起來道：「好，我將所有的財產都給你，這下你該願意尊重我了！」

乞丐大笑：「你將財產都給我，那你就成了乞丐，而我成了富翁，憑什麼要尊重你？」

美國心理學家馬斯洛（Abraham Harold Maslow）認為，人生的追求在心理上是分為五個層次的。最低的層次是生理上的需求，如溫飽之類；再則是對安全的需求，如堅固的住所；第三是愛人與被愛的需求；第四是受到尊重的需求；最高的層次則是自我的實現。

故事中的富翁有錢後，渴望別人的肯定與尊重，正符合馬斯洛學說所述的人的天性。而乞丐的堅持，則更清楚點明了金錢與尊重在許多時候是難以劃上等號的。

「金錢與糞尿相同，積聚它便會放出惡臭；然而散布時，則能肥沃大地。」積聚金錢是否會發出惡臭，答案見仁見智，我們不予討論。但散布財富，的確能夠擁有花香撲鼻的美麗庭院。故事中的富翁若能明瞭這一點，要受人尊重也就不難了。

遠離「功名利祿」的金絲籠

通常，我們都羨慕在天空中自由自在飛翔的鳥。其實人也該像鳥一樣的，歡呼於枝頭，跳躍於林間，與清風嬉戲，與明月相伴，飲山泉，覓草蟲，無拘無束，無羈無絆。這才是鳥應有的生活，才是人類應有的生活。然而，這世上終還有一些鳥，因為忍受不了飢餓、乾渴、孤獨乃至於「愛情」的誘惑，從而成為籠中鳥，永遠失去了自由，成為人類的玩物。與人類相比，鳥面對的誘惑要簡單得多。而人類，卻要面對來自紅塵之中的種種誘惑，金錢、名利、權勢等。於是，人們往往在這些誘惑中迷失了自己，從而跌入了欲望的深淵，把自己裝入了一個個打造精緻的所謂「功名利祿」的金絲籠裡。

春秋末年，范蠡為了謀取功名，到越國輔佐越王勾踐，被封為大夫後升至上將軍。

此時，越國與吳國結仇，吳王夫差日夜操練兵馬準備攻越，越王勾踐想先發制人去伐吳。范蠡就勸阻勾踐說：「大王不能這麼做，我聽說兵器是不吉利的東西，戰爭是違背道德的，爭鬥是各種事情中最末等的事，違背道德，好用兇器，做末等之事，老天爺也是不贊成的，所以無故起兵是不利的。」但是勾踐不聽勸告，於是吳越兩軍交戰，結果越軍大敗，越王勾踐被吳軍包圍。這時，勾踐悔之莫及，就向范蠡請求救國之策。因此，范蠡就建議勾踐派人去給吳王送厚禮，並向他們求和。於是，勾踐就派文種去向吳王求和。

文種多次求見，吳王夫差才同意勾踐的請求，撤兵回國，但要把勾踐夫婦帶回吳國做臣子並伺候自己。勾踐把國家大事托給大夫文種，自己帶上夫人和范蠡到吳國去做人質。到了吳國，夫差讓他們住在先王墳墓旁的石頭屋裡，為吳王養馬。吳王每次出去，都要勾踐為其拉馬。范蠡就更苦了，他在人前與勾踐一起伺候吳王，在人後還要伺候勾踐，還得不斷活動，給人送禮，觀察形勢，勾踐有時忍不住了，范蠡還得安撫他，以免前功盡棄。這樣過了三年，吳王夫差認為勾踐真的臣服自己了，於是就把他們放回越國。

勾踐回到越國後，為了能使自己牢記亡國的恥辱，不讓在臥室內鋪放錦繡被褥，只鋪上柴草，還在屋裡掛一個苦膽，每次吃飯之前，都要嘗一嘗膽的苦味。勾踐覺得范蠡的才能和忠誠都可信任，就打算把國政交給他，范蠡卻說：「操練兵馬、行軍打仗，文種不如我；治理國家、安撫百姓，我不如文種。」於是勾踐就把國家政事交給文種，讓范蠡負責操練兵馬。

後來范蠡在苧蘿山上找到一個名叫西施的美女，說服她為國捨身。范蠡親自把西施送往吳國，夫差一見馬上就被迷住，日夜與西施在姑蘇臺上作樂。西施牢記范蠡的囑託，總在夫差面前說越國好話，於是夫差就放鬆了對勾踐的警惕。從此，越王勾踐禮賢下士，在范蠡、文種兩人的齊心輔佐下，經過十年艱苦奮鬥，使得越國實力逐漸強盛了，並做好向吳國復仇的準備。

周敬王三十八年（西元前四八二年），越國出兵打敗了吳國，從此不再向吳國稱臣進貢。五年之後，即周敬王四十二年（西元前四七八年），越軍攻到姑蘇城下，圍城三年，終於徹底打敗吳軍，夫差自殺。然後勾踐率越軍橫行於江淮一帶，成了霸主。

後來越王勾踐論功行賞，范蠡作為一個從始至終輔佐勾踐完成霸業的有功之臣，官職超過上將軍。然而他卻不戀虛名，不圖富貴。作為大臣，他輔佐主公完成了大業，圓滿完成了自己一生的事業。

功德圓滿之後，范蠡要開闢自己新的生活。於是，他給勾踐留下了一封信，信中他告訴越王勾踐：「當年主公受辱於會稽山，主辱臣死。現在天下已定，請主公給臣下降罪處死。」之後，范蠡乘船不辭而別，永遠離開了越國。在走的時候，范蠡沒有忘記老朋友文種，也給他留下一信，說明鳥盡弓藏的道理，並勸他也遠走高飛。但是文種並沒有聽從范蠡的勸告，終於被勾踐逼得自殺了。

范蠡泛海北上來到齊國，更名換姓為鴟夷子皮。他帶領兒子們不問政事，只經營生產，沒有多久，家產多達千萬。齊國國王聽說他有如此才能，叫他當宰相。他嘆息道：「居家則致千金，居官則致卿相，引布衣之極也。久受尊名，不祥。」於是他又交還相印，散發資財，只帶親屬和少量珠寶，離開了齊都，躲到陶這塊地方，從此改名為陶朱公。

范蠡在陶居住了十九年，曾經「三致千金」，就是散了又掙、掙了又散三次，成為天下首富。後來他又離開了陶地，過著無拘無束的生活。

名利財貨，聲色犬馬，這一切令人心迷神醉，永無止境追逐，結果使人身體精神兩受疲累。范蠡助越滅吳後，他的個人成就已臻至頂峰，此時抽身引退，棄政從商。之後，又千金散盡，隱居江湖，不被外物所蒙蔽，實在生活得愜意自如。

不要被名利束縛住

人的一生常被名利所束縛。名利對於人，實用的少，更多的是一種心理上的安慰，一種對自己的價值的確認。因此，名利只不過是一個人所掙得的自己的身價而已，人總是透過名利來標明自己價值的高低。沒有了名利，人自己常常也會對自己的價值產生懷疑，對自己在世上的價值失去信心。因此，為追求名利，很多人都不惜終身求索，使名利的繩索最後變成了人生的絞索，斷送了人生所有的快樂與歡笑。

《菜根譚》中說：「富貴名譽，自道德來者，如山村中花，自是舒徐繁衍；自功業來者，如盆檻中花，便有遷徙興廢。若以權力得者，如瓶缽中花，其根不植，其萎可立而待矣。」這些話的意思是：一個人的榮華富貴，如果是因為施行仁義道德而得來的，就會像生長在大自然中的花一樣，不斷繁衍生息，沒有絕期；如果是從建立的功業中得來的，就會像栽在花缽中的花一樣，因移動或環境變化而凋謝；若是靠權力霸占或謀私所得，那這富貴榮華就會像插在花瓶中的花，因為缺乏生長的土壤，馬上就會枯萎。這就告訴我們，沒有道德修養，僅靠功名、機遇或者是非法手段求得的福，千萬要警惕，它們不是不能長久，轉瞬即逝，就是意味著災難，伴隨著毀滅。只有那些德性高尚的人，才能領悟個中道理，保住一生平安。

唐朝郭子儀爵封汾陽王，王府建在首都長安。汾陽王府自落成後，每天都是府門大開，任憑人們自由進進出出，而郭子儀不允許其府中的人對此加以干涉。有一天，郭子儀帳下的一名將官要調到外地任職，來王府辭行。他知道郭子儀府中自無禁忌，就一直走進了內宅。恰巧，他看見郭子儀的夫人和他的愛女正在梳妝打扮，而王爺郭子儀正在一旁侍奉她們，她們一會兒要王爺遞手巾，一會兒要他去端水，使喚王爺就好像奴僕一樣。這位將官當時不敢譏笑郭子儀，回家後，他禁不住講給他的家人聽，於是一傳十，十傳百，沒幾天，整個京城的人們都把這件事當成笑話來談論。郭子儀聽了沒有什麼，他的幾個兒子聽了倒覺得大丟王爺的面子。他們決定對他們的父親提出建議。他們相約一齊來找父親，要他下令，像別的王府一樣，關起大門，不讓閒雜人等出入。郭子儀聽了哈哈一笑，幾個兒子哭著跪下來求他，一個兒子說：「父王您功業顯赫普，天下的人都尊敬您，可是您自己卻不尊重自己，不管什麼人，您都讓他們隨意進入內宅。孩兒們認為，即使商朝的賢相伊尹、漢朝的大將霍光也無法做到您這樣。」

郭子儀聽了這些話，收斂了笑容，對他的兒子們語重心長說：「我敞開府門，任人進出，不是為了追求浮名虛譽，而是為了自保，為了保全我們全家人的性命。」

兒子們感到十分驚訝，忙問這其中的道理。郭子儀嘆了一口氣，說道：「你們光看到郭家顯赫的聲勢，而沒有看到這聲勢有被喪失的危險。我爵封汾陽王，往前走，再沒有更大的富貴可求了。月盈而蝕，盛極而衰，這是必然的道理。所以，人們常說要急流勇退。可是眼下朝廷尚要用我，怎肯讓我歸隱；再說，即使歸隱，也找不到一塊兒能夠容納我郭府一千餘口人的隱居地呀。可以說，我現在是進不得也退不得。在這種情況下，如果我們緊閉大門，不與外面來往，只要有一個人與我郭家結下仇怨，誣陷我們對朝廷懷有二心，就必然會有專門落井下石、妨害賢能的小人從中添油加醋，製造冤案，那時，我們郭家的九族老小都要死無葬身之地了。」郭子儀所以讓府門敞開，是因為他深知官場的險惡，正因為他具有很高的政治眼光又有一定的德性修養，善於忍受各種複雜的政治環境，必要時犧牲掉局部利益，確保了全家安樂。

淡泊名利、無求而自得才是一個人走向成功的起點。促使人追求進取的是金錢名利，阻礙人向前邁進的是金錢名利，使人墜入萬丈深淵的也是金錢名利。所以，人生在世，千萬不要把金錢名利看得太重，方能超然物外，活得輕鬆快樂。

人無遠慮，必有近憂

做人做事不可急功近利，無論是做什麼，都需要長年累月的積累。

善於放長線、釣大魚的人，看到大魚上鉤之後，總是不急著收線揚竿，把魚甩到岸上。因為這樣做，到頭來不僅可能抓不到魚，還可能把釣竿折斷。

他會按捺下心頭的喜悅，不慌不忙收幾下線，慢慢把魚拉近岸邊；一旦大魚掙扎，便又放鬆釣線，讓魚遊竄幾下，再又慢慢收鉤。如此一收一弛，待到大魚筋疲力盡，無力掙扎，才將它拉近岸邊，用提網兜拽上岸。

正當曹操在入川問題上舉棋不定之時，劉備認為曹操必定入川，急忙請來了諸葛亮來商議對策。諸葛亮分析了當前的戰略態勢，他認為：「曹操分軍屯合淝，懼剝也。今我若分江夏、長沙、桂陽三郡還吳，遣舌辯之士，陳說利害，令吳起兵襲淝，牽動其勢，操必勒兵南矣。」劉備從其計，立即作書具禮，使人先到荊州，知會雲長，然後入吳」。果然，當孫權聽說到劉備主動提出要歸還三郡，十分高興，立即命魯肅帶人前去收取長沙、江夏、桂陽，然後親自率十萬大軍，「來攻合淝」，在曹操背後插了——刀。

很顯然，剛剛安定的西蜀在隨時都可能遭受曹操進攻的危局之下，從外交上繼續爭取和保持同東吳的合作，乃是擺脫危機的關鍵。因為在三角鼎立中，誰採取了靈活的外交，以「兩角」對「一角」，誰就有可能致敵於兩面作戰的被動境地。

孔明正是抓住了這個環節，對東吳作出一點實際讓步而不再耍嘴皮子了，表現出了策略上極大的靈活性。

當圍繞荊州的歸屬問題時，諸葛亮曾利用了各種方式來進行推託，名曰「借荊州」，實則占荊州，對東吳寸土不讓。但在這時，他卻主動提出了要割讓三郡，以此促使孫權進兵合淝。這樣既緩和了孫、劉之間的利益衝突，又達到了「圍魏救趙」的目的。謀略運籌，可堪稱為絕妙！

諸葛亮割讓三郡這個故事啟示了我們，凡事必須要從長遠考慮，有時候為了長久利益，而暫時放棄一些眼前利益也是完全必要的。在複雜激烈的軍事鬥爭中，利害相聯，得失相關，特別是在處於極端困難的情況下，如果只講進，不想退，企圖處處得利，那麼就會處處被動，最後受其大害。另外，諸葛亮借東吳之兵來攻合淝，給曹操背後一刀，來解西川之危，這一招堪稱是又廣釜底抽薪」、「圍魏救趙」之謀的妙計。

求人就如釣魚一樣，如果逼得太緊，別人反而會一口回絕你的請求。只有耐心等待，才會有成功的喜訊。

與人為善是一種高端智慧的行為

孟子說：「君子莫大乎與人為善。」與人為善是一種崇高的道德修養，人們歷來把它視為君子美德。

與人為善的道理很簡單，做起來卻並非易事。還是讓我們來看看呂不韋如何為人處世、如何登上權力之巔，他的故事將印證「與人為善」的重要性。

呂不韋是衛國濮陽人，出生在一個珠寶商人家庭。成年以後，呂不韋奔走於各國，經營珠寶。後來他到了韓國，成為陽翟「家累千金」的巨富。

秦昭王四十二年（西元前二六五年），呂不韋經商來到趙國都城邯鄲，巧遇秦國公子異人（後改名子楚）。呂不韋覺得異人將是有用之人。異人是秦國安國君之子、秦昭王之孫，安國君此時已被確定為太子。安國君有二十多個兒子，異人不是長子，他的生母夏姬也不受安國君寵愛。異人在趙國當人質，秦趙經常發生戰爭，異人在趙國處境危險，飽受趙國人白眼，他的日用起居車輛都很簡陋，確實是個落難公子，將來注定沒什麼大出息。

呂不韋依據生意經上的「人棄我取」原則，認為異人是個奇貨可居的人，更是一個可以收買並進行政治投機的人，而關鍵在於重新塑造異人的形象，鞏固異人的地位，才可以有用。

呂不韋特地拜訪異人，謙虛客套一番後，說：「我能讓你飛黃騰達，身價百倍。」異人認為呂不韋開玩笑，便也以玩笑態度說：「你還是自己去抬高身價，然後再來幫助我吧！」呂不韋說：「你不知道，只有使你先發達了，我才能發達。」兩人一來一往對答，異人明白呂不韋話中有話，便請他坐下來暢談，呂不韋說：「秦王老了，安國君做了太子。聽說你父親安國君最寵愛華陽夫人，只有華陽夫人能立繼承人，可她又沒有兒子。你們兄弟二十多人，你排行中間，又不受寵愛，長時間在趙國做人質。即便你祖父秦王死了，你父親安國君做了秦王，你也沒有希望同你的那些兄弟爭立太子。」異人說：「你分析得很有

道理。你有什麼高招呢？」呂不韋說：「你現在很困難，景況不妙。你客居此地，沒有什麼東西可以孝敬長輩與結交賓客。我雖不富裕，但可以拿出千金，西遊秦國，走走門路，討好安國君和華陽夫人，讓他們立你為繼承人。」異人聽了喜出望外，叩頭便拜，發誓說：「如果實現了你說的計畫，我願意同你共用秦國。」

呂不韋當場拿出五百黃金，送給異人，讓他廣結賓客。隨後呂不韋開始實行他的計畫，又花五百黃金，購買了一批奇珍玩好，自己帶著它們前往咸陽。

呂不韋設法見到了華陽夫人的姐姐，透過她把寶物獻給華陽夫人。呂不韋又在華陽夫人面前大誇異人在趙國如何賢明，如何廣交賓客，並且特別強調異人日夜思念太子和夫人，一提到太子和夫人就眼中流淚。華陽夫人被打動了，對異人產生了好印象。

呂不韋又讓華陽夫人的姐姐說動華陽夫人，預先準備了一套說辭，針對華陽夫人的心病，層層深入。華陽夫人的姐姐勸說華陽夫人：「我聽說，女人靠姿色得寵，到了紅顏衰殘時，受到的寵愛就會淡薄。只有趁受寵之時，確立自己的兒子為王位繼承人，即使丈夫去世之後，自己也不會失勢。現在夫人侍奉太子，非常受寵，可惜沒有兒子。何不趁機在眾位公子中物色一個既能幹又孝順的立為繼承人，並認他為兒子呢？這樣，你丈夫在世時，你受到尊重，萬一丈夫死後，你認的兒子繼位為王，你終身也不會失去權勢。如果不抓住目前你受寵的時機，奠定牢固的基礎，等到寵衰色褪時，即使你想說一句話，恐怕也沒人聽你的了。現在異人本事大，而且他知道自己排行居中，照常例是不能立為繼承人的，他的生母又不受寵愛，現在他主動來投靠夫人，你如果立他為繼承人，他會感激不盡，夫人你在秦國的地位便永遠不會動搖，你一輩子都能在秦國受到尊重。」華陽夫人被說動了。

華陽夫人侍候太子安國君時，便主動提出讓異人做繼承人。她流著淚說：「我有幸能到後宮充數，不幸沒有兒子。希望能把異人立為繼承人，讓我將來有個依靠。」安國君答應了華陽夫人的請求，與她刻玉符為憑證，立異人為繼承人。安國君和華陽夫人不斷送錢財給異人，並聘請呂不韋任異人的老師。

異人回到秦國去見華陽夫人時，呂不韋知道華陽夫人原籍楚國，便讓異人穿楚服進見。華陽夫人見了異人非常高興。當場讓他改名為子楚。不久，子楚作為安國君的繼承人這個消息便在諸侯國中傳開了。

呂不韋在邯鄲養了一個美貌的歌舞姬。這個女人已經懷孕。一天，子楚到呂不韋家喝酒，見到她後，便為呂不韋敬酒，要求呂不韋割愛。呂不韋把她送給子楚。子楚把她立為正夫人，秦昭王四十一年（西元前二五九年），這個女人生下一子，取名政，他便是後來的秦始皇。

秦昭王五十五年，秦趙關係緊張，趙國想殺掉子楚。子楚和呂不韋商量，用五百黃金賄賂看管子楚的官吏。子楚逃進秦軍中，回到秦國；次年，秦昭王死，安國君繼位為王，華陽夫人當了王后，子楚成為太子。

秦孝文王元年（西元前二五〇年），安國君登上王位剛三天就死了，子楚繼位，他被稱為秦莊襄王。按照子楚與呂不韋當初的契約，呂不韋任丞相，封為文信侯，擁有河南十萬戶食邑。

秦莊襄王在位三年就死了，由其子贏政即位為王，他後來被尊為秦始皇。贏政尊奉呂不韋為相國，號稱仲父。從秦莊襄王即位到贏政二十二歲親政以前，秦國的軍政大權一直掌握在呂不韋手中。

呂不韋由一個普通的商人而躋身於權力頂峰，在這裡面有許多因素，而最關鍵的一點卻是他幫助了秦國落難公子異人，異人返秦後繼承了王位，反過來回報了呂不韋。儘管呂不韋當初幫助異人，純粹是出於政治投機，但其客觀效果卻不能否定。要不然，富商千千萬萬，卻極少有人能像呂不韋這樣縱橫馳騁政壇。

呂不韋因幫異人，而兩任秦國丞相，主持朝政，在政治、經濟、軍事、思想方面為秦統一中國準備了有利條件，打下了基礎。他的這種為人處世是成功的，特別是就他個人來說，而現在的人們如果也能夠如呂不韋那樣，用獨特的眼光、獨特的手段去幫助獨特的人，也會有收穫的。

親和疏是人稱關係中無時不有的矛盾。從某種意義上說，人的一生就是糾纏在各種各樣的親疏關係的矛盾之中，而協調好各種關係，你就會生活愉快，工作順利。反之則矛盾重重。大小瓜葛，種種糾紛，怨怨相報。

在親疏關係上，要做到順其自然，首先要確定親疏標準，而後視其情況，當親則親，當疏則疏，不要著意於在人際關係中謀求點什麼，換句話說就是不要太功利了。古人擇友極重投契，今人的處世觀念與古人當然有了很大的變化，但是交友重誠重真，注重道義相規、忠難相助，注重擇賢而從的精神，即使在今天也是值得推崇的。以利害為基礎的友誼不可能長久，欲得反失，有心栽花花不活，無心插柳柳成蔭講得也是這個道理。

吃小虧占大便宜

《管子》說：「懂得先給予就是為了後獲取，吃小虧而占大便宜。」《周書》上說：「如果想得到什麼利益，必須先有一定的付出。」為什麼要這樣說呢？

鵪鶉嗉裡尋豌豆，鷺鷥腿上劈精肉，蚊子腹內刳脂油，奪泥燕口，削鐵針頭，刮金佛面細搜求，無中覓有。

這是古代一首名為《醉太平》的曲子，對貪婪之人心理的寫照。真可稱得上生動形象，入木三分。

人的欲望是很難完全滿足的。因此，我們不能任人的私欲自由放任，甚至用種種不合法的手段去滿足自己的私欲。如果這樣的話，只會是貪小失大，適得其反。正如《伊崇寓言》所說：「有些人因為貪婪，想得到更多的東西，卻把現在所有的也失掉了」。

南朝的古書令王僧達，從小聰明伶俐，但卻養成了不拘的毛病。孝武帝即位時，他被提拔為僕射，位居孝武帝的兩個心腹大臣之上。王僧達也因此更加自負，以為自己在當朝臣子中，無人所及。在朝時間不長，就開始覬覦宰相的位置，並時時流露出這一情緒。誰知，事與願違，就在他躊躇滿志之時，卻被降職為護軍。此時，他便沒有省悟，仍惦記著做官，並多次請求到外地任職。

這又惹怒了皇上，被再次削降職位。此次，他固羞恥而生怒氣，對朝政看不順眼，產生了許多議論，所上奏摺，言辭激昂，終於被人誣為串通謀反而賜死。

王僧達的死，壞就壞在其貪心上。因為，按照他的年齡、資歷、輩分，沒幾年就升到重要的僕射一職，已屬不易了。也許是太順當了，也許是他升得太快了，於是，使他想人非非，以為「一人之下，萬人之上」的宰相非他莫屬了，並且易如探囊取物。豈料，事情的發展有許多是不以人的意志的轉移的。於是，一個筋斗使他從雲霧中翻滾了下來，真正遭到滅頂之災。所以可以這樣的說，是追名逐利的貪心送了王僧的性命。

《老子》第四十六章說：「禍莫大於不知足，咎莫大於欲得。」意思是說，禍患沒有比不知足更大的了；過錯，知足會引人進入沒有止境的求利之路，而沒有止境的追求利益，貪婪物欲，恰恰會得到損失利益的結果。

莊子對先哲的思想有著深刻體會。在莊子看來，無私是人的立身之本。一個人有了私欲，就會利慾薰心；利慾薰心就會迷惑自己的心志；自己的心志一旦被迷惑住了，那就連自己的生命都難以保住，至於事業、生活，那就更談不上了。這就是利令智昏的結果。

莊子把利欲薰心比喻為眼觀濁水，而把心境淡泊比喻為處於清淵。他認為，人一旦觀於濁水，就會忘記清淵，而這種利令智昏，也就失去了人的純潔本性，最後必定要遭殃。《莊子．山木》篇中，就講了一個「觀於濁水忘清淵」的故事，故事說：

莊子在一個名為雕陵的栗園裡面遊玩，突然從南面飛來一隻奇特的大鳥。只見這隻鳥翅膀有七尺長，眼睛有一寸大，翅膀擦著莊子的額頭飛過，但其並沒有感覺到莊子的存在，最後徑直落在栗林之中。

莊子心裡想：這是什麼鳥呀？長這麼大的翅膀卻不遠飛，長這麼大眼睛卻看不見人？於是，他撩起衣服，加快了腳步，趕到栗林之中，並拿出彈弓，準備將這大鳥打下來。

到了大鳥的眼前，莊子終於明白了。原來大鳥之所以不遠飛而僅飛到這裡，之所以睜著一對大眼睛而看不見他，其目的是為了捕捉一隻螳螂。

莊子再一仔細觀察，見栗林中還有一隻蟬，正借著栗樹的樹蔭休息。可是，正因為它找到了一個好的休息處所，只顧了享受，忘記了自己處境的危險，沒有預料到在它的附近，已經有一隻螳螂向它伸出了雙爪，並在瞬間捉住了它。

具有戲劇色彩的是，這隻螳螂由於捉住了蟬後得意非凡，卻忘記了隱蔽自己的身體，被大鳥在空中飛過時發現，於是，大鳥俯衝下來要啄食它。而正因為這隻大鳥專注於要啄食那隻螳螂，結果連莊子這麼大一個人也沒有看見，以至於當莊子用彈弓要打它的時候，它還全然不知自己已經到了危險的關頭。

看到這種情形，莊子很是感嘆。他深為這幾隻小動物的悲哀，覺得它們太不懂得生命的輕重了。為了眼前的些許利益，而忘記了上天給它們的自然生命，忘卻了貪戀眼前利益對自己的生命可能帶來的危害。同時，莊子也感到自己也陷入了這種悲劇性的境地。為了捉住那隻大鳥，他也忘記了對自己生命的警戒。說不定此時自己也成了誰的獵物呢！

想到這裡，莊子嚇出了一身冷汗。他趕忙扔掉彈弓，扭頭就往回跑。果然不出他所料。剛才守園子的人見他急匆匆往栗林中鑽，以為他是偷栗子的，正拿著東西要捉他。現見他慌忙往園外跑，便在後面追著罵他。

經過這一次經歷，莊子三個月都沒有到庭院中去散步。

一天，莊子的弟子藺且問莊子：「先生為什麼這麼久都不到庭院中去走一走？」

莊子回答說：「我為了得到大鳥的形體而忘記了自己的身體，這就像是見到了濁水而忘記了清水一樣。況且，我的先生曾經教導我，到了哪裡就要遵從那裡的規矩，可是我進了雕陵栗園卻忘了自己身體的危險，只顧要弄清楚那隻大鳥為什麼擦著我的額頭看不見我的原委，卻忘記了自己身處栗林之中，違犯了栗園的規矩，由行遭到了園吏的追逐和辱罵。回來後，我一直在反省自己，因為沒有心思到庭院中去。」

《莊子》記載的這個故事，的確發人深省。大鳥的眼睛有一寸大，可是就沒有看見與牠擦額而過的莊子，為什麼？因為捕捉螳螂的欲望遮蔽了牠的眼睛；莊子在栗園中遊玩，可是忘記了栗園的規矩，鑽入了栗林之中，看不見正在捕捉他的園吏，為什麼？因為捕捉大鳥的欲望迷惑了他的心；蟬、螳螂與大鳥、莊子一樣，都陷入了物欲的迷茫之中，不能自拔。由此可見，物欲對人心的迷惑作用是多麼巨大，人們一旦被物欲所迷惑，就會什麼也不顧，甚至會連自己最寶貴的生命都會置之腦後，至於家庭、親朋、事業，這一切的一切，就更不值得一提了。

正因為這樣，所以莊子告誡人們，一定要牢牢記住自己的根本，牢牢記住自己的本體，不要陷到濁水之中，而忘了自己本來具有的純潔清淵。否則會導致身敗命喪。

靜靜生活，靜靜享受

平凡的人生才是幸福的人生，用不著去承受大喜大憂，也用不著承受大富大貧，只可惜世人們都不知道去珍惜自己現在擁有的平凡生活，為名利終日忙碌，四處奔波，他們所獲得的快樂並不是真正的快樂，而所產生的憂愁卻是真正的憂愁，從這一點講，生活清貧而不受精神之苦，行為相對自由灑脫而不受傾軋逢迎之累是值得羡慕的，安貧樂道未嘗不好。

人在寧靜之中心緒像秋水一樣清澈，可以見到心性的本來面貌。在安閒中氣度從容不迫，可以認識心性的本原之所在。在淡泊中意念情趣謙和愉悅，可以得到心性的真正體味。

《菜根譚》云：「此身常放在閒處，榮辱得失誰能差遣我；此心常安在靜中，是非利害誰能瞞昧我。」意思是說，只要自己的身心處於安閒的環境中，對榮華富貴與成敗得失就不會在意；只要自己的心靈保持安寧和平靜，人世的是非與曲直都不能瞞過你。

老子主張「無知無欲」，「為無為，則無不治」。世人也常把「無為」掛在嘴邊，實際上是做不到的。但一個人處在忙碌之時，置身功名富貴之中，的確需要靜下心來修省一番，閒下身子安逸一下。這時如果能達到佛家所謂「六根清淨、四大皆空」的境

界，就會把人間的榮辱得失、是非利害視同烏有。這利於幫助自我調節，防止陷入功名富貴的迷潭。在洪應明看來，佛家所謂的「六根清靜、四大皆空」也就是指人生要寧靜淡泊，降低欲望，這樣就會把生活中的是非利害與榮辱得失看得輕一些，而生活的快樂則會體驗得多一些。洪應明也多次提到，人需要靜觀世事，做到身在局中，心在局外，這樣就會客觀對待生活，這樣才能不為外物所累，人間的種種現象也才能盡收眼底。

有一對年輕的美國夫婦，利用假期出外旅遊。他們從紐約南行，來到一處幽靜的丘陵地帶，發現在這人煙稀少的小山旁邊，有一個小木屋。夫妻二人走到小木屋前，看見門前坐著一位老人。年輕丈夫上前一步問道：

「老人家，你住在這人跡罕至的地方不覺得孤單嗎？」

「你說孤單？不！絕不孤單！」老人回答道。停頓了一會，老人接著說：「我凝望那邊的青山時，青山給予我力量；我凝望山谷時，那一片片植物的葉子，包藏著生命的無數祕密；我凝望藍色的天空，看見那雲彩變化成各式各樣的城堡；我聽到溪水的淙淙聲，就像有人在向我作心靈的傾訴；我的狗把頭靠在我的膝上，我從它的眼神裡看到了淳樸的忠誠。每當夕陽西下的時候，我看見孩子們回到家中，儘管他們的衣服很髒，頭髮也是蓬亂的，但是，他們的嘴唇上卻掛著微笑；此時，當孩子們叫我一聲『爸爸』，我的心就會像喝了甘泉一樣甜美。當我閉目養神的時候，我會覺得有一雙溫柔的手放在我的肩頭，那是我太太的手；碰到困難和憂傷的時候，這雙手總是支持著我。我知道，上帝總是仁慈的。」

老人見年輕夫婦沒有作聲，於是，又強調了一句：「你說孤單？不，不孤單！」

這位老人的生活看起來是平淡的。然而，在我們這個世界上，每個人都可以說是凡夫俗子，他們總期盼著過一些平淡的日子。平淡，不是沒有欲望。屬於我的，自然要取；不屬於我，即使是千金、萬金也不為其動。這就是平淡。安於平淡的生活，並能以平淡的態度對待生活中的繁華和誘惑，讓自己的靈魂安然自處，這樣的人，於自己，就像雲彩一樣的飄逸；於他人，就像湖泊一樣的寧靜。這就是一種清心的境界。

其實，這位老人正是達到了清心的境界，因此，他能清閒自在、坐臥隨心，從平凡的生活之中，體悟到了生活的情趣，領略到了生活的快樂。

第七章　堅持到底，信念築就成功

信念是人生的真正脊梁，一旦從信念上摧垮一個人，其人生也就變形了。一個生命能否戰勝厄運、創造奇蹟，取決於你是否賦予它一種信念的力量。一個在信念力量驅動下的生命即可創造人間奇蹟。

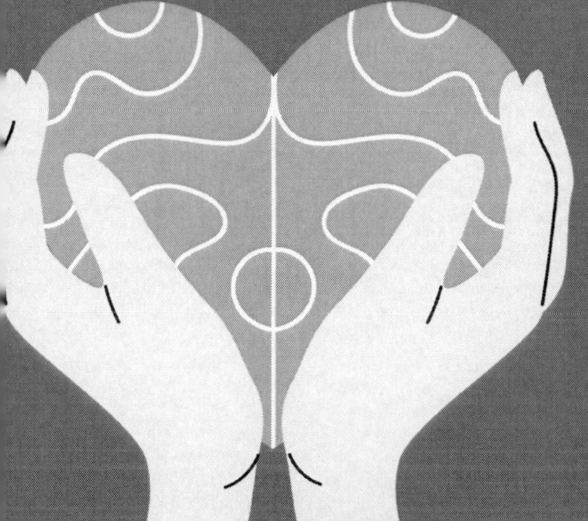

將行動進行到底

只要不放棄，只要堅持下去，世上就沒有做不成的事。成功的人懂得何時堅持、何時放棄，失敗的人卻剛好相反。

有的人為了自己的夢想，可以堅持一年，兩年，甚至十年，二十年，有的人則能夠堅持一輩子，至死不渝。在他眼裡，想要成功就不能放棄，放棄就一定不會成功。

明朝學者楊夢袞曾說：「作之不止，可以勝天。止之不作，猶如畫地。」這句話是什麼意思呢？其實就是告訴世人堅持下去的道理：世上的事，只要不斷努力去做，就能戰勝一切，取得成功。但如果停下來不做，那就會和畫餅充飢一樣，永遠達不到目的。

這是個淺顯簡單的道理，但我們在實際生活中，卻常常忘了它。我們常常會有「為山九仞，功虧一簣」的遺憾。成功就距我們一步之遙，我們卻在最後的關頭放棄了努力，讓勝利輕易與我們擦肩而過，我們該是多麼懊喪！

統一企業創辦人高清願當初在經營超商時，連續虧損六年。但他並沒有因此放棄，而是堅持走自己的路。終於在調整營業方針、市民消費能力提高之後，統一超商開始轉虧為盈，如今他的企業穩居超商龍頭地位。高清願的故事告訴我們，往往是在最困難的時候，最需要「再堅持一下」，這是自己勇氣和毅力的嚴峻考驗。膽怯的人往往會退縮，而勇敢的人則會經受住考驗，真是「山重水複疑無路，柳暗花明又一村」。而適時調整，等待時機，也是不可少的。

要想成功，就要「作之不止」，絕不能半途而廢。當然，方法、計畫可以調整，但絕不要讓失敗的念頭占據了上風。

「再堅持一下」，是一種不達目的誓不甘休的精神，是一種對自己所從事的事業的堅強信念，也是高瞻遠矚的眼光和胸懷。它不是蠻幹，不是賭徒的「孤注一擲」，而是在通觀全域的和預測未來的明智抉擇，它更是一種對人生充滿希望的樂觀態度。在山崩地裂的大地震中，不幸的人們被埋在廢墟下。沒有食物，沒有水，沒有亮光，連空氣也那麼少。一天，兩天，三天……還有希望生存嗎？有的人喪失了信心，他們很快虛弱下去，不幸死去。而有些人卻不放棄生的希望，堅信外面的人們一定會找到自己，救自己出去。他們堅持著，哪怕是在最後一刻……結果，他們創造了生命的奇蹟，他們從死神的手中贏得了勝利。

堅持不用多，在人的一生中，有一次堅持到底就算是成功，而放棄一旦開了頭就絕不會少，對於曾經認定的事——事業、愛情、友誼，放棄過一次就會一再放棄。

道路曲折坎坷並不是通向目標最大的障礙，一個人的心志才是成敗的關鍵。只要心裡的燈火不曾熄滅，即便道路再崎嶇難行，前途也是一片光明。

有人做過一個試驗：將一條飢餓的鱷魚和一些小魚放在一個水箱的兩端，中間用一塊透明的玻璃板隔開，剛開始，鱷魚毫不猶豫向小魚發動進攻，它失敗了，但毫不氣餒，接著，它又向小魚發動第二次更猛烈的進攻，它又失敗了，並且受了傷。它還要進攻，第三次，第四次……多次進攻無望後它再也不進攻了。這時候，心理學家將隔板拿開，鱷魚仍然一動不動，它只是絕望看著那些小魚在自己的眼皮底下悠閒游來游去。它放棄了所有努力，最終活活餓死。

其實，在很多情況下人和鱷魚也有類似之處：當自己經過一段時間的努力而沒有達到預定目標時，便灰心喪氣，認為這件事自己永遠都辦不到，從而忽視了自身力量的壯大和外界條件的改變，於是放棄了實現目標的努力，久而久之，形成了思維定勢，套在失敗的教訓中爬不出來，以致一次又一次喪失唾手可得的機會，最終一事無成。很多時候，打敗自己的不是對手，也不是外部的環境，而是放棄。其實再堅持一會，再試一下，往往就成功了，所以即使是身處困境，也不要用絕望代替希望。只要有希望與你同在，你就離成功不遠了。

「輕易放棄，總嫌太早。」記住這句話吧。越是在困難的時候，越要「再堅持一下」。有時，在順境時，在定位的目標未完全達到時，也要「再堅持一下」，不要因小小的成功就停滯不前。

只有堅持下去，才能有所突破

每個人在向夢想前進時，都是非常艱難的，但在面對挫折與困境時，只有堅持下去，才能有所突破。

隆納·雷根（Ronald Wilson Reagan），被認為是美國歷史上最偉大的總統之一，他年輕時的一段經歷讓他終生難忘，也教會了他如何面對挫折。

「最好的總會到來。」每當他失意時，他母親就這樣說，「如果你堅持下去，總有一天你會交上好運。並且你會認識到，要是沒有從前的失望，好運是不會發生的。」

母親是對的，一九三二年從大學畢業後雷根發現了這點。他當時決定試試在電臺找份工作，然後再設法去做一名體育播報員。於是他搭便車去了芝加哥，敲開了所有電臺的門，但都失敗了。在一個播音室裡，一位很和氣的女士告訴他，大電臺是不會冒險雇用一名毫無經驗的新手的。

「再去試試，找家小電臺，那裡可能會有機會。」她說。雷根又搭便車回到了伊利諾依州的迪克遜。雖然迪克遜沒有電臺，但他父親說，蒙哥馬利·沃德（Aaron Montgomery Ward）開了一家商店，需要一名當地的運動員去經營它

的體育專欄。由於雷根少年時在迪克遜中學打過橄欖球，於是他提出了申請，那工作聽起來正合適，但他沒能如願。

雷根感到十分失望和沮喪。「最好的總會到來。」他母親提醒他說。父親借車給他，於是他駕車行駛了七十英里來到了特萊城。他試了試愛荷華州達文波特的WOC電臺。節目部主任是位很不錯的人，叫彼特．麥克亞瑟；他告訴雷根說他們已經雇用了一名播報員。當雷根離開這個辦公室時，受挫的心情一下子發作了。雷根大聲喊道：「要是不能在電臺工作，又怎麼能當上一名體育播報員呢？」說話的時候，他正在那裡等電梯，突然聽到了麥克亞瑟的叫聲：「你剛才說體育什麼來著？你懂橄欖球嗎？」接著他讓雷根站在一架麥克風前，叫他憑想像播一場比賽。雷根腦中馬上回憶起去年秋天時，他所在的那個隊在最後二十秒時以一個六十五公尺的猛衝擊敗了對方。在那場比賽中，他打了十五分鐘。他便試著解說那場比賽。然後，麥克亞瑟告訴他，他將選播星期六的一場比賽。

雷根在回家的路上，就像自那以後的許多次一樣，他想到了母親的話：「如果你堅持下去，總有一天你會交上好運。並且你會發現，要是沒有從前的失望，好運是不會發生的。」

在人生奮鬥中，不慎跌倒並不表示永遠的失敗，唯有跌倒後，失去了奮鬥的勇氣才是永遠的失敗。我們若以平常心觀之，失敗本身也就不足為奇。一個人若沒有經歷過失敗，他就難以嘗到人生的辛酸和苦澀，難以認識到生命的底蘊，也就不可能進入真正寧靜祥和的境界。

司馬遷生活在西漢王朝的鼎盛時期，伺候的是雄才大略的漢武帝劉徹。司馬遷的父親是一名記載文史的史官。

在司馬遷小的時候，父親就給他灌輸成大事的思想，說：「每五百年就會出現一部偉大的作品，現在距離孔子作《春秋》已經有五百年了，又該出現偉大的人物和作品了。」司馬遷牢記著父親的話，也是這句話孕育著他想成為那位偉大人物的雄心壯志。

漢武帝大力興修水利，發展農業，養兵征戰開拓疆域，使華夏版圖空前遼闊。這些都成了司馬遷成就《史記》的歷史背景。

為了寫這部鴻篇巨制的史書，司馬遷實地巡訪名山大川，考察古代流傳下來的趣聞軼事，了解和搜集各種散失的歷史資料，歷經數年，行程幾萬里，為寫作《史記》搜集了大量的材料。西元前一〇八年，司馬遷被正式任命為太史

令，開始了《史記》的編撰工作。

西元前九十八年，名將李廣的後人李陵率兵攻打匈奴，陷入重圍，兵敗投降。朝臣們諱言主將李廣利的無能（李廣利是皇親國戚，他妹妹是漢武帝的美人），將敗北責任都推到李陵身上，而司馬遷這時候卻為李陵辯護。他認為李陵是名將李廣之後，絕對不會無緣無故投降的，就是因為這件事，沒想到落了個「誣罔主上」的死罪。按漢律規定，交五十萬錢或受宮刑可以免除死罪，司馬遷家貧，交不出錢贖罪，但為了實現編寫《史記》的雄心，只好蒙受宮刑的奇恥大辱。

兩年後，司馬遷遇大赦出獄。他被漢武帝任命為「中書令」（在皇帝身邊掌管文書機要的宦官），繼續《史記》的撰寫工作。

受刑後的司馬遷，遭受著世人百般誹謗和恥笑，終日冷汗滲背，神情恍惚，苦不堪言。縱然如此，他仍是筆耕不輟，歷經十幾個春秋，大約在西元前九十三年，完成了這部史學巨著：中國第一部融史學、文學於一體的紀傳體通史——《史記》，理清了中國從遠古到漢武帝的歷史，實現了自己的鴻鵠大志。

司馬遷生活在封建社會，受宮刑足以使一個意志薄弱的人想到自殺。因為受過宮刑，就是一個不完整的人了，要備受世人的嘲笑與欺淩，就連自己的親人也避而遠之。司馬遷精神幾乎崩潰，但是《史記》剛開始撰寫，他必須活下去，去完成這部睥睨古今、彪炳千古的鴻篇巨制。這需要有非凡的毅力才能完成，司馬遷歷經身心煎熬終於造就出了前無古人的事業。

司馬遷是百年不遇的偉大人物，但在我們現實生活中，能經受住像司馬遷一樣苦難的人並不多，而隨便的小小打擊就使人一蹶不振的事例卻屢見不鮮，這的確該使人覺醒。

自古英雄多磨難。一個平凡人成為一個領域的英雄或者成為一個時代的英雄，是挫折和磨難使然，因為英雄和平凡人的區別就在於，英雄在逆境中抓住了逆境背後的機遇，在絕境中創造了奇蹟。而平凡人在逆境中選擇了隨波逐流，在絕境中選擇了放棄。

每個人都想成就一番輝煌的事業，但成就大事業並不是一帆風順的，要經過一番磨煉，才可能獲得豁然開朗的境界，功成名就的業績。

沒有困難，不必製造困難；遇到困難，不要回避困難；積極面對，你才有機會成功，才能做出大事業。

懂得放棄，但不要輕易放棄

懂得放棄是要人不要輕易放棄，因為在絕境中，我們還有生存的機會。輕易放棄，你永遠到不了終點；堅持不懈，就會有一個圓滿的結果。在前行的道路上，你我都沒有權利嘲笑那些不斷前進的人，因為成功就在於他們不懈前行。輕易放棄，你永遠也到不了終點。

有一個女孩對足球十分癡迷，一個偶然機會，她被父親送到了體育學校學踢足球。

在體育學校，女孩並不是一個很出色的球員，因為此前她並沒有受過規範的訓練，踢球的動作、感覺都比不上先入校的隊友。女孩上場訓練踢球時常受到隊友們的奚落，說她是「野路子」球員，女孩為此情緒很低落。每個隊員踢足球的目標就是進職業隊打上主力。這時，職業隊也經常去體育學校挑選後備力量，每次選人，女孩都賣力踢球，然而終場哨響，女孩總是沒有被選中，而她的隊友已經有不少陸續進了職業隊，沒選中的也有人悄悄離隊。於是，這個平時訓練最刻苦認真的女孩便去找一直對她讚賞有加的教練，教練總是委婉道：

「名額不夠，下一次就是你。」天真的女孩似乎看到了希望，樹立了信心，又努力接著練了下去。

一年之後，女孩仍沒有被選上，她實在沒有信心再練下去，她認為自己雖然場上意識不錯，但個頭太矮，又是半路出家，再加上每次選人時，她都迫切希望被選中，因此上場後就顯得緊張，導致平時訓練水準發揮不出來。她為自己在足球道路上黯淡的前程感到迷茫，就有了離開學校放棄踢球生涯的打算。

這天，她沒有參加訓練，而是告訴教練說：「看來我不適合踢足球了，我想讀書，想考大學。」教練見女孩去意已決，默默看著她，什麼也沒說。然而，第二天女孩卻收到了職業隊的錄取通知書。她激動不已，馬上前去報到。其實，她骨子裡還是喜歡著足球的。女孩這次跑去找教練了，她發現教練的眼中同她一樣閃爍著喜悅的光芒。教練這次開口說話了：「孩子，以前我總說下一次就是你，其實那句話不是真的，我是不想打擊你而告訴你說你的球藝還不精，我是希望你一直努力下去啊！」女孩一下子什麼都明白了。

在職業隊受到良好系統實戰訓練後，女孩充滿信心，她很快便脫穎而出。她就是獲得二十世紀世界最佳女子足球運動員的球星孫雯。

「下一次就是你」，在給人以希望的同時，也意味著我們在某些方面還有缺陷，仍需努力付出。只要不斷充實、完善自己，時刻準備著，在逆境中絕不放棄，再堅持一下，那麼下一次見到彩虹的可能就是你。

一個人在人生低谷中徘徊，感覺自己支持不下去的時候，其實就是黎明的前夜，只要你堅持一下，再堅持一下，前面就會看見亮麗的彩虹。

堅持就是勝利

堅持二字說起來容易，做起來則沒那麼簡單。

成功的祕訣在於執著，成功偏愛執著的追求者。世界上許多名人的成功都來自於克服千辛萬苦，持之以恆的努力，只有這樣，你才會漸漸接近輝煌。稍有困難便更改航向或經不起外界的誘惑，恐怕會永遠遠離成功。

對那些拒絕停止戰鬥的人來說，他們永遠都有勝利的可能。

如果你發現自己所處的情勢似乎與勝利無緣，那麼，你可以展開一些對自己動機有利的行動。如果正面的攻擊無法攻占目標，那麼試著以側面進攻。生命中很少有解絕不了的難題。再困難的障礙也阻礙不了一個有決心、有動機、有計劃，並且有足夠的彈性來對抗情況變化的人。

許多失敗，其實如果肯再多堅持一分鐘，或再多付出一點努力，是可以轉化為成功的。

成功會帶來成功，失敗亦會接連不斷。

物理上，異性會相吸而同性則相斥，但人類彼此的關係則恰好相反。消極的人只會與消極的人在一起，具有積極心態的人會吸引具有類似想法的人。你也會發現，當你成功以後，其他的成就也會不斷來到，這就是迭加的道理。

自信源於過去的成功經驗，成功的過程中會遇到許多艱難、困苦與挫折失敗，戰勝他們的最基本法則就是心理上先做好準備。要有敏銳的目光，看清成功背後的真相，要有持續的毅力，堅持到困難向你退縮，要有勇氣和行動，當發現困難的弱點後不失時機給它致命一擊。

當事情愈來愈困難，大多數人都會放手離開，只有意志堅決的人，除非勝利，絕不肯輕言放棄。

失敗並不可怕，可怕的是你面對失敗時的態度。堅持就是勝利，執著走向成功。還有一則故事值得一讀。

一九七七年美國一家園藝所在報上公布，要重金求購白色金盞菊，一位老人看到這條資訊，第一個反應就是要讓金盞菊改變它原來的本色，這實在令人難以置信。然而仔細琢磨，又覺得或許真有這種可能，於是想試一試。

子女們得知母親要培育白色金盞菊，都覺得是異想天開。一個孩子潑冷水說：「這事連專家都無能為力，你不懂種子遺傳學，又這麼大年紀了，怎麼可能呢？」子女們都不願做無效勞動，老人沒有找到幫手，只好一個人做起來。

金盞菊有淡黃和橘黃兩種顏色，老人滿懷熱切的希望，選擇了淡黃色的進行培育。經過精心的照料，金盞菊一株株拱出地表，一朵朵應時綻開。老人從中選出顏色最淺的做上標記，待其枯萎後選用這棵金盞菊的種子。用這種方式遴選含色素少的花，年復一年培育，終於使金盞菊的顏色一年年泛白。

之後女兒遠嫁他鄉，丈夫撒手塵寰，生活發生了許多變故，都未能動搖老人讓鮮花變色的信念。終於有一天，老人所培育的金盞菊已不染一絲雜色，呈現出一片聖潔的雪白。驀然回首，已送走了二十個春秋。老人抑制不住成功的喜悅，欣然將花種寄給懸賞的那家園藝所。

等待了將近一年，也就是種子育出芳姿的時候，老人接到園藝所長打來的電話：「我們見識了你培育的金盞菊，花朵的顏色確實潔白如雪。不過由於時間太久，過去許諾的獎金已無從兌現，你還有什麼別的要求嗎？」老人興致不減說：「我只想問一下，你們要不要黑色的金盞菊？如果要的話，我也能把它種出來。」

不放棄，堅持就有希望

普魯士國王率大軍與英格蘭軍隊激戰，結果被對方打得狼狽逃竄。鑽進一所隱蔽的老宅，國王灰心喪氣往乾草上一躺，不由得陷入極度的悲哀之中。就在瀕臨絕望的時候，他看見一隻蜘蛛在那裡結網。為了轉移一下注意力，他揮手抹掉那個蜘蛛網。

然而這一人為的破壞，沒有動搖蜘蛛結網的意志。好像那倒楣的事根本就沒有發生過一樣，蜘蛛又忙碌起來，沒用多長時間就織好了另一張蜘蛛網。軍隊接連打了六次敗仗，國王已經準備放棄戰鬥，由此他捫心自問：「假如我把蜘蛛網破壞六次，不知這隻蜘蛛是否會放棄努力？」

一次又一次，國王接連毀掉了六張蜘蛛網。那隻蜘蛛再一次出發，毫不氣餒又去織第七張網，並且如願以償完成了。國王從這件事中獲得激勵，決心重整旗鼓，再次和英格蘭人決一死戰。經過極為縝密的準備，他重新聚集起一支軍隊，終於打贏了一場決定

性的戰役，從英格蘭人手中奪回了失去的領土。

命運全在搏擊，堅持就是希望。對於意志堅強的人，只要咬緊牙關，任何困難哪怕是死神都不會懼怕。

百折不撓的毅力是成功人生的必備條件

一個有雄心壯志的人就是一根彈簧，越是有壓力的時候就越能顯示出自己的能力，遇挫而更強。

當我們在家庭和學校的溫室中，就像雛雞一樣孵化出來，心安理得過著衣食無憂的生活。但是當我們一腳跨進社會大門，此時我們才會明白，原來的庇護我們的避風港沒有了，迎接我們的將是驚濤駭浪。一時間，在困難面前，有的人迷茫了，認為希望就像肥皂泡一樣破滅了。但就是這個時候，我們更應該懂得這只是我們人生真正考驗的開始。有時候，面對嚴峻的挑戰，有的人退縮了，有的人這樣安慰自己「退一步海闊天空」，其實這樣的思想是萬萬要不得的，因為這是懈怠的跡象和苗頭。我們應該有「欲窮千里目，更上一層樓」的雄心壯志，堅決與困難不妥協，從而克服一切困難，走向成功。

艾米總是向父親抱怨她的生活艱辛。她不知該以何種態度來面對生活中的困擾，於是她想要自暴自棄。她已厭倦與困難抗爭的生活，因為生活中的問題屢屢發生，似乎從來沒有過間斷。

艾米的父親是位廚師，一天，他把她帶進廚房。他分別在三口鍋裡倒入一些水，然後放在旺盛的火苗上。不久，鍋裡的水燒開了。他將胡蘿蔔放進了第一口鍋裡，雞蛋放進了第二口鍋裡，最後一口鍋裡放入碾成粉狀的咖啡豆。整個過程，艾米的父親沒有說一句話。

艾米不耐煩看著父親的一舉一動。二十分鐘過後，父親熄火，將煮熟的胡蘿蔔撈出放入一個碗內，雞蛋放入另一個碗內，咖啡倒進了一個杯子裡。然後，他轉身看著不耐煩的女兒說：「親愛的，你看見什麼了？」

艾米無精打采回道：「煮熟的胡蘿蔔、雞蛋、咖啡啊！有什麼稀奇的？」

他讓女兒靠近些並用手去摸胡蘿蔔。艾米驚呼道：「爸爸，胡蘿蔔變軟了。」父親又讓艾米將那顆煮熟的雞蛋殼剝掉，她看到的是顆煮熟的雞蛋。最後，父親讓她品嘗了煮熟的咖啡。艾米貪婪享受著咖啡的香濃，剎那間露出了笑容。她怯聲問道：「爸爸，這意味著什麼？」

父親告訴艾米說：「胡蘿蔔、雞蛋、咖啡這三樣東西面臨同樣的逆境——煮沸的開水，可態度卻截然不同：胡蘿蔔尚未入鍋之前生硬、結實不向逆境低頭，而進入開水後就變軟了，向逆境妥協了；再看雞蛋，沒下鍋之前易破碎，而經開水一煮，內臟變硬了，也隨著堅強起來了；咖啡豆就更獨特了，進入沸水後，它們不但沒有失去自己的本色，反而改變了水。其實，你也完全可以屈服於環境，也可以改變環境，關鍵取決於你對困難所持有的態度。」

真金不怕火煉，真英雄不怕遭遇挫折。沒有經歷過失敗的人生不是完整的人生。挫折和不幸，是天才的進身之階、信徒的洗禮之水、能人的無價之寶、弱者的無底深淵。」所以說，禁得起困難洗禮的人才是真正的英雄，成功屬於他們。

沒有河床的沖刷，就不會有鑽石的璀璨；沒有挫折的考驗，就不會有真正的英雄。正因為有挫折，才會體現出勇士與懦夫的區別。

一切成功的起點都是欲望，但在將欲望變為成功的過程中，堅韌的意志是人最重要的個性特點之一。舉凡成功者，都能夠冷靜面對事業進展過程中每一個關鍵時刻而已。正是因為這一點，他們才能在困難的形勢下，穩健追求著自己的夢想。

而有些人卻缺乏這樣的個性，他們總是欲望強烈，而意志脆弱。所以，遇到不利於自己的局勢，就會聽任脆弱的意志擺弄，直到他所追求的目標成為記憶中一個遙遠的影子。

不過，這種弱點是可以彌補的，例如強烈的欲望就可以補救意志的脆弱。如果發現自己的意志正在遭受困難的挑戰，你不妨有意識燃起欲望的火焰以激勵自己的意志。

堅忍的意志屬於人性中後天的成分，是可以培養的，包括以下四個步驟。

- 在確定志向的基礎上，不停給欲望火上澆油
- 制定一份切實的計畫，使自己追求成功的行動永不停止
- 關閉心扉，不受外界一切消極因素的影響，包括親朋好友的干擾
- 與鼓勵你和相信你的人結成堅強的同盟

如果你這樣做，你就會發現，自己的身上將產生一種連自己都感到奇怪的神祕力量，它既可以使你振奮起來，又能使困難低頭。

冠軍永遠都是那些百折不撓、被打倒了還會再爬起來的人。一次、兩次不成，就再試幾次。能不能成功，全看你能否堅持到底。多數人沒有達到目標，原因就在於不能堅持。百折不撓的毅力，才是成功人生的必備條件。

再努力一次，直到成功

人在奮鬥的過程中吃盡了苦頭，而最後的笑聲才是最甜的，最後的成功才是具有決定意義的成功，起初的成就和痛苦只不過都是為後來而設的奠基石。有時，所謂的「失敗」只是一種假像，它會引領我們走向成功，將我們的人生從舊有的模式引向一個更新、更好、更理想的航程。

黃文濤生下來就雙目失明。他從小就上盲校，離開父母的懷抱，養成了自己照顧自己的習慣，懂得了自立、自信、自尊、自強。一九八五年黃文濤加入了盲童學校田徑隊，開始了他的體育生涯。

他的主攻方向是短跑和跳遠，可想而知，殘疾人練體育會給他帶來多少無法想像的困難和意外。當時使用的是非常落後的助跑器，踏腳板用一根細長的鐵釘支著。一次訓練中，鐵釘斜伸出來，如果是正常人，可以很輕易看出來，但他卻什麼也看不見。一腳踏上去，一股鑽心的疼痛便從腳底下傳出，他一下昏了過去。後來才知道，鐵釘穿過了跑鞋底和他的腳掌，又從鞋面扎了出來。因為先天的缺陷，殘疾人練體育運動要付出許多在正常人看來非常無謂的代價。教練員的示範動作，他看不清，只能「盲人摸象」似的一步步分解、揣摩，一遍遍練習。

一九九二年，黃文濤參加了巴塞隆納殘奧會。沉著冷靜的黃文濤超水準發揮，以三公厘之差打敗了西班牙的胡安，贏得了冠軍。當他站在領獎臺上，聆聽莊嚴的國歌奏響的時候，心中充滿了自豪感。

如果黃文濤對自己悲觀失望，如果踩到釘子後就向命運認輸，放棄追求，在挫折、失敗面前一旦意志渙散，人就會很快並永遠沉淪下去，命運就會把你踩在腳下。只要摔倒了再爬起，失敗了再堅持，不停努力，困難也會怕你的。

生活中，每個人都會面臨失敗的考驗，考驗他們的意志、他們的心態。不必否認，成功者也會失敗，但他們之所以能夠成功，就在於他們失敗了以後，不是為失敗而哭泣流淚，不是消極厭世，而是從失敗中總結教訓，並勇敢站起來，撫平傷痕繼續前行……

堅持不懈，笑對挫折

兩隻青蛙在覓食中，不小心掉進了路邊一個牛奶罐裡。牛奶罐裡還有為數不多的牛奶，但足以讓青蛙們體驗到什麼叫滅頂之災。

一隻青蛙想：完了，完了，全完了！這麼高的一個牛奶罐，我永遠也出不去了。於是，牠很快就沉了下去。

另一隻青蛙在看見同伴沉沒於牛奶中時，並沒有一味的沮喪、放棄，而是不斷告誡自己：「上帝給了我堅強的意志和發達的肌肉，我一定能夠跳出去。」牠每時每刻都在鼓起勇氣，鼓足力量，一次又一次奮起、跳躍——生命的力量與美展現在牠每一次的搏擊與奮鬥裡。

不知過了多久，牠突然發現腳下黏稠的牛奶變得堅實起來。原來，它的反覆踐踏和跳動，已經把牛奶變成了一塊乳酪。不懈的奮鬥和掙扎終於換來了自由的一刻。牠從牛奶罐裡跳了出來，重新回到了綠色的池塘裡。而那一隻沉沒的青蛙就那樣留在了那塊乳酪裡，牠做夢都沒有想到會有機會逃離險境。

生活中，人們所遭遇的各種各樣的困難挫折就像是壓在人們身上的「泥沙」。人們只要以鍥而不捨的精神將它抖落掉，然後站上去，「泥沙」就變成了成功道路上的墊腳石。「艱難困苦，玉汝於成。」困難可以練就人的素養，提高人的才幹，磨煉人的耐性及承受能力。只要你能堅持不懈，困難自會低頭，成為磨煉我們堅強性格的磨刀石。

並不是每一次不幸都是災難，早年的逆境通常是一種幸運。與困難作鬥爭不僅磨礪了我們的人生，也為日後更為激烈的競爭準備了豐富的經驗。逆境和苦難常常能鍛鍊人們的意志，一旦具備了像鋼鐵一般的意志，成功對於他們而言，也是理所當然的事情了。每一位傑出人物的成長道路都不是一帆風順的。正是他們善於在艱難困苦中向生活學習，磨礪意志，才在最險峭的山崖上扎根成長為最偉岸挺拔的大樹，昂首向天。

在法國里昂的一個盛大宴會上，來賓們就一幅繪畫到底是表現了古希臘神話中的某些場景，還是描繪了古希臘真實的歷史畫面，彼此間展開了激烈的爭論。看到來賓們一個個面紅耳赤，吵得不可開交，氣氛越來越緊張，主人靈機一動，轉身請旁邊的一個侍者來解釋一下畫面的意境。

這是一位地位卑微的侍者，他甚至根本就沒有發言的權利，來賓們對主人的建議感到不可思議。結果卻大大出乎了人們的意料，這位侍者的解釋令所有在座的客人都大為震驚，因為他對整個畫面所表現的主題作了非常細緻入微的描述。他的思路顯得非常清晰，理解非常深刻，而且觀點幾乎無可辯駁。因

而，這位侍者的解釋立刻就解決了爭端，所有在場的人無不心悅誠服。

大家對侍者一下子產生了興趣。

「請問您是在哪所學校接受教育的，先生？」在座的一位客人帶著極其尊敬的口吻詢問這位侍者。

「我在許多學校接受過教育，閣下，」年輕的侍者回答說，「但是，我在其中學習時間最長，並且學到東西最多的那所學校叫做『逆境』。」

這個侍者的名字叫尚-雅克·盧梭（Jean-Jacques Rousseau）。他的一生確實都是在逆境中度過的。早年貧寒交迫的生活，使得盧梭有機會成為——個對社會的各方面有著深刻認識的人，儘管他那時只是一個地位卑微的侍者。然而，他卻是那個時代整個法國最偉大的天才，他的思想甚至對今天的生活仍有著重要的影響。尚-雅克·盧梭的名字，和他那閃爍人類智慧火花的著作，就像暗夜裡的閃電一樣照亮整個歐洲。

這一切偉大成就的取得，莫不得益於那所叫「逆境」的學校。

「逆境」是最為嚴厲最為崇高的老師，用最嚴格的方式教育出最傑出的人物。人要獲得深邃的思想，或者要取得巨大的成功，就要善於從艱難窮困中摒棄淺薄。不要害怕苦難，不要鄙夷不幸。往往不幸的生活造就的人才會深刻、嚴謹、堅忍並且執著。

很多年輕人也許都心存憤懣，也許都在抱怨命運的不公平，抱怨環境對自己的不利影響，那麼，讀一讀威廉姆·科貝特（William Cobbett）當年如何讀書的事，一定能讓你停止這類的抱怨。

他回憶說：「當我還只是一個每天薪俸僅為六便士的士兵時，我就開始學語法了。我鋪位的邊上，或者是專門為軍人提供的臨時床鋪的邊上，成了我讀書的地方。我的背包也就是我的書包。把一塊木板往膝蓋上一放，就成了我簡易的桌子。在將近一年的時間裡，我沒有為讀書而買過任何專門的用具。我沒有錢來買蠟燭或者是燈油。在寒風凜冽的冬夜，除了火堆發出的微弱光線之外，我幾乎沒有任何光源。而且，即便是就著火堆的亮光看書的機會，也只有在輪到我值班時才能得到。為了買一隻鋼筆或者是一疊紙，我不得不節衣縮食，從牙縫裡省錢，所以我經常處於半飢半飽的狀態。」

「我沒有任何可以自由支配的用來安靜讀書的時間，我不得不在室友和戰友的高談闊論、粗魯的玩笑、尖利的口哨聲、大聲的叫罵等等各種各樣的喧囂聲中努力靜下心來讀書寫字。要知道，他們中至少有一半以上的人是屬於最沒有思想

和教養、最粗魯野蠻、最沒有文化的人。你們能夠想像嗎？」

「為了一支筆、一瓶墨水或幾張紙，我要付出相當大的代價。每次，揣在我手裡的用來買筆、買墨水或買紙張的那枚小銅幣似乎都有千鈞之重。要知道，在我當時看來，那可是一筆大數目啊！當時我的個子已經長得像現在這般高了，我的身體很健壯，體力充沛，運動量很大。除了食宿免費之外，我們每個人每週還可以得到兩便士的零用錢。我至今仍然清楚記得這樣一個場面，回想起來簡直就是恍如昨日。有一次，在市場上買了所有的必須品之後，我居然還剩下了半個便士，於是，我決定在第二天早上去買一條鯡魚。當天晚上，我飢腸轆轆上床了，肚子在不停咕咕作響，我覺得自己快餓得暈過去了。但是，不幸的事情還在後頭，當我脫下衣服時，我竟然發現那寶貴的半個便士不知道在什麼時候已經不翼而飛了！我一下子如五雷轟頂，把頭埋進發霉的床單和毛毯裡，就像一個孩子般嚎啕大哭起來。」

但是，即便是在這樣貧困窘迫的不利環境下，科貝特還是坦然樂觀面對生活，在逆境中臥薪嚐膽、積蓄力量，堅持不懈追求著卓越和成功。

艱難的環境不但沒有消磨他的意志，反而成為他不斷前進的動力。他說：

「如果說我在這樣貧苦的現實中尚且能夠征服艱難、出人頭地的話，那麼，在這世界上還有哪個年輕人可以為自己的庸庸碌碌、無所作為找到開脫的藉口呢？」

讀到這裡，你是否感覺到心靈一震？那好，如果你想出人頭地的話，就讓一切藉口和抱怨都見鬼去吧！

盧梭和科貝特，出身都貧窮艱難，然而真正傑出的人物，總是能突破逆境，崛起於寒微。艱難的環境既能毀滅人，也能造就人。不過，它毀滅的是庸夫，而造就的往往是偉人。

現代生活中，個人與事業同樣都不可避免要遇到各種各樣的挫折。面對困難和挫折，有的人會出現暴怒、恐慌、悲哀、沮喪、退縮等情緒，影響了課業和工作，損害了身心健康。這種人就是缺乏雄心壯志，甘願平庸的人。有的人卻笑對挫折，對環境的變化做出靈敏的反應，善於把不利條件化為有利條件，擺脫失敗，走向成功。

如果我們對於要實現的目標有堅定的信念和不斷向前的野心，那麼，我們便能戰勝逆境。如果能夠樹立起一種成大事的雄心壯志，那麼，我們便會把挫折僅僅看成是我們要越過的障礙，看成是對智慧的挑戰。相反，那些缺乏雄心壯志甘願平庸的人，就缺乏這種堅強的力量，他們往往把挫折變成摧毀自我信念的工具，變成自己前進道路上不可逾越的難關。

任何挫折都只是人生中的一道小坎，可真正能跨過坎的人卻很少，大多數人只會埋怨小坎為什麼總是纏著他。

堅持不懈，笑對挫折

電子書購買

國家圖書館出版品預行編目資料

命由心態不由天，轉不了念站旁邊：小勝靠技巧，中勝靠魅力，大勝靠心態！在成功之前，你需要來點正念思考 / 莫宸，吳學剛著 . -- 第一版 . -- 臺北市：崧燁文化事業有限公司 , 2022.10

面； 公分

POD 版

ISBN 978-626-332-762-7(平裝)

1.CST: 修身 2.CST: 生活指導

192.1　　111014887

命由心態不由天，轉不了念站旁邊：小勝靠技巧，中勝靠魅力，大勝靠心態！在成功之前，你需要來點正念思考

臉書

作　　者：莫宸，吳學剛

發 行 人：黃振庭

出 版 者：崧燁文化事業有限公司

發 行 者：崧燁文化事業有限公司

E-mail：sonbookservice@gmail.com

粉 絲 頁：https://www.facebook.com/sonbookss/

網　　址：https://sonbook.net/

地　　址：台北市中正區重慶南路一段六十一號八樓 815 室

Rm. 815, 8F., No.61, Sec. 1, Chongqing S. Rd., Zhongzheng Dist., Taipei City 100, Taiwan

電　　話：(02) 2370-3310　　　傳　　真：(02) 2388-1990

印　　刷：京峯彩色印刷有限公司（京峰數位）

律師顧問：廣華律師事務所 張珮琦律師

定　　價：320 元

發行日期：2022 年 10 月第一版

◎本書以 POD 印製